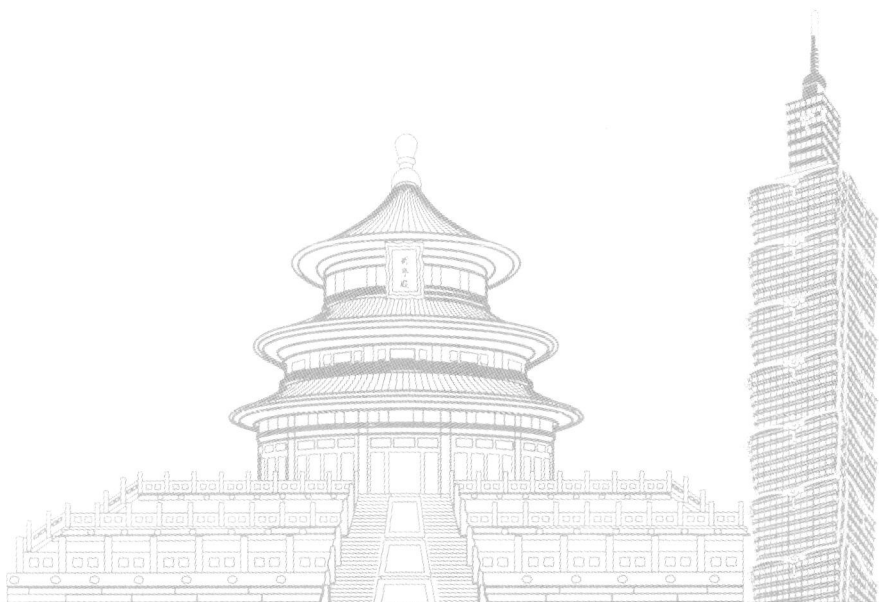

海峡两岸汉语词汇差异研究

HAIXIA LIANGAN HANYU CIHUI CHAYI YANJIU

XU HONGJIN

徐红进 / 著

WRITTEN BY

文汇出版社

图书在版编目（CIP）数据

海峡两岸汉语词汇差异研究 / 徐红进著. —上海：
文汇出版社，2014.4
  ISBN 978-7-5496-1116-4

  Ⅰ.①海… Ⅱ.①徐… Ⅲ.①汉语-词汇-对比研究
-海峡两岸 Ⅳ.①H13

  中国版本图书馆 CIP 数据核字（2014）第 037735 号

海峡两岸汉语词汇差异研究

作　　者：徐红进
出 版 人：桂国强
特约审读：徐宝华
责任编辑：张　涛
装帧设计：文　德

出版发行：文匯出版社
　　　　　上海市威海路755号　邮政编码：200041
经　　销：全国新华书店
印刷装订：上海港东印刷厂

版　　次：2014年4月第1版
印　　次：2014年4月第1次印刷
开　　本：890×1240毫米　1/32
字　　数：160千
印　　张：7.5

ISBN：978-7-5496-1116-4
定　　价：39.00元

前　言

　　大陆和台湾同属一个中国,感情上血脉相连,文化上同根同源,在语言上照理本不会有大的差异。但是,因为特殊的历史原因和政治环境,在相当长一段时间内,两岸的语言却是在一个彼此割裂,甚至彼此封闭的环境中分道扬镳,逐渐产生出有别于同一种语言内的方言与方言之间差异的分野和变化。即它们仍是同一种语言,但又不是传统定义上的语言内方言与方言之间的关系。方言之间,不管差别多大,其所在地区的语言政策权属是一致的,即彼此没有独立的语言治权。而海峡两岸之间,虽然同属一个中国,说的都是汉语,但大陆普通话与台湾官话之间却不属于汉语的两个方言,最核心的标志就是语言治权的各自独立。内地与香港之间的语言关系也是这样,虽然香港早已回归祖国,但香港的高度自治,使其仍然享有语言政策的治权,其能够主导或影响治权范围内的语言发展方向和内涵。

　　对这种同一语言形态内,因为治权的不同,导致语言的跨境发展而形成各自相对自足的语言生态系统,并形成有规律的语言分野和差异,我们可以称之为该语言的不同语言社区。每个语言社区内,又会有自己的方言差异，但我们并不能说，语言社区是语言与语言内各方言之间的更高一级划分。因为，不同语言社区内，可以存在着相同的方言。例如某语言甲有 A、B 两个语言社区，A 语言社区下有 a、b、c、d、g 五种方言，B 语言社区下则可能会有 c、e、f、g、h 五种方言，其中，c 方言和 g 方言就在 A、B 两个语言社区中同时出现了。因此，我们不能说 A、B 是甲与 a、b、c、d、e、f、g、h 之间的更高一级划分。以汉语为例，汉语有大陆语言社区、香港语言社区、台湾语言社区等，但是大陆语言社区与香港语言社区同时存在粤方言，大陆语言社区与台湾语言社区同时存在闽南方言和客家方言，所以我们不能说大陆语言社区、香港语言社区、台湾语言社区是汉语与诸如粤方言、闽南方言、客家话、江淮方言、赣方言、湘方言等方言之间的上一级划分单元。

这种语言社区，既可以出现在同一个国家区域内，也可以出现在不同的国家之间。仍以汉语为例，因为各种原因，现在已经基本形成了大陆、台湾、香港、澳门地区及新加坡等五个比较集中的大语言社区和其他分散世界各地的、比较小的华人华侨点状语言社区。这些不同语言社区的人，虽然使用的都是汉语，但因为不同语言社区之间语言上的差异，在彼此交流时，并不能畅通无阻，甚至很难交流。这里既有语音的差异，也有字、词的差异，还有语法的差异。这就是语言在治权独立的情况下分野发展造成的结果，这对操该语言者相互间的交流及将该语言作为第二语言的学习者来说都是不利的。

就汉语而言，不同语言社区间语法、词汇、汉字、语音三者都存在着不同的差异。相对来说，语法和汉字差异比较小，影响不是很大。语音的差异是最大的，不同语言社区之间，不仅声、韵、调差异显著，甚至连标音系统都不一样。例如，大陆是以汉语拼音方案作为汉语的标音系统，而台湾则使用的是注音字母。令人欣慰的是，语音方面的差异已经引起了研究者和使用者的广泛关注和重视，并也提出了一些比较好的解决方案。唯有词汇差异，从目前的研究现状看，无论是业界还是使用者，对其关注度均显不够，虽然随着彼此交流的日益频仍，各种方便交流的差异词汇对照手册时有出版，但是，基本上还停留在对差异现象的面上的对比描述和简单总结，而对社区语言分野发展的历史脉络，差异词汇的产生原因、表现形式、构词思维、派生模式、现实影响、词汇竞争力等深层次问题则缺乏系统的分析研究。在有些方面甚至成为汉语语言社区研究的一个空白。我们认为，这与词汇差异在语言社区中的地位及影响是不相称的，亟须引起我们足够的重视。

如何正视汉语不同语言社区间词汇上的这种业已存在差异，并从语言的严谨性、经济性和实用性原则出发，梳理分析语言社区间差异性词汇的形成历史、产生原因、表现形式、构词思维、派生模式、现实影响和词汇竞争力，以及几大语言社区各自业已形成的新词产生机制，在此基础上，结合词汇的理据性、规律性、准确性、形象性、搭配能力、文化色彩、音节韵律、识记使用等语言学知识，提出整合和趋同的思路和举措，较好地稳定和缩小这些差异，方便语言内人员的交流和语言外的国际推广，应该成为我们重视和研究的一个重要课题。

　　本书就以大陆和台湾这两个语言社区中汉语差异性词汇为研究对象，包括同形异义词、同义异形词和单方特有词三类。对这些差异性词汇进行分类归纳研究，分析两岸差异性词汇的形成原因，探究其在构词思维、方式和取向等方面的规律性特点，比较其差异词汇在使用、构词、词汇聚合性等方面的竞争力，以及由此产生的实际影响，希图借此为汉语社区语言的词汇差异研究提供一个切入点和研究图式，为更系统深入地研究汉语社区语言，特别是汉语社区语言词汇差异作一探讨。之所以选择大陆和台湾这两个语言社区作为研究对象，一是因为这两个语言社区分野发展的时间最短，迄今也只有短短 60 余年时间，而分野发展的速度却是汉语几个语言社区中最快的，分野发展造成的差异度也是汉语几个语言社区中最大的，需要引起足够重视；二是因为特殊的历史原因和台湾方面曾经在一段时期内企图进行文化切割的政治考量，这两个语言社区的分野发展，有很多的人为因素在后面推波助澜，因此，两岸词汇差异其不仅关乎语言的分合，更对两岸关系有一定的不利影响；三是因为大陆和台湾是当前汉语国际推广的两大主体，这两个语言社区的词汇差异，不仅影响两岸间的正常交流，而且对汉语国际推广的影响尤深，甚至因此影响到汉语国际推广的接受者对汉语和两岸关系的正确认知，需要引起我们重视和警惕。所以，选择海峡两岸间的汉语词汇差异作为研究对象，更具有代表性和现实意义。

　　应该说，作为中华民族的共同语言，尽管经历了数十年的交流中断，但两岸语言在主体上还是相同的，相互间的简单正常交流还是没有问题的。但是，自从两岸有了人为阻隔的那天开始，语言上的分野与差异也就开始慢慢产生并日渐扩大。据台湾"中华语文研习所"和北京语言大学联合编撰的《两岸现代汉语常用辞典》中所收录的 45000 个词语统计分析,两岸完全通用的词语约有 42700 条,占总数的 94.9％。也就是说两岸的词语差异度已超过 5％,这已经是一个不小的差异了！但现状还远非这么简单。我们知道,这里统计的虽然是常用词汇,但绝大多数都是 1949 年以前就业已存在的,这部分词汇在后来的分头发展中虽也有差异,但比例很小。如果抛开这部分词汇,单独去统计两岸 1949 年以后各自产生的新词,其统一性就已经非常小了。而现实生活中,恰恰是这部分总量不大的新词却有着极高的使用频率。打个简单的比方,这就好比海水一样,1949 年之前就已存在的共同词汇,就类似于海水的底层,总量巨大,但基本稳定。1949 年之后各自产生的新词,总量虽然不大,但都活跃在现实生活中,如同我们见到的表层海水,总是在跳跃不止,与我们接触的尤为密切,对我们的影响尤为深远。所以,从总体上看只有 5％ 多一点的差异,而在实际交际中,其差异词汇出现的概率将远远高于 5％,因此势必会给两岸人民的交流沟通带来一定的障碍,此其一。其二,语言是不断发展变化的,如果两岸这种词汇分头发展的现状一直持续下去,其词汇差异乃至语言差异将会越来越大。邹嘉彦和游汝杰两位学者在《当代汉语新词的多元化趋向和地区竞争》一文中,依据香港城市大学语言资讯科学研究中心的 "各地中文共时语料库"（LIVAC：A Synchronic Corpus of Linguistic Variation in Chinese Communities）1995 年 7 月至 2001 年 6 月这六年间的语料统计,得出两岸新词的接近率只有 38.76％。

换言之，两岸间新词的差异度已经超过了 60％！这样的结果是着实令人堪忧的！此外，台湾少数人士基于政治目的而人为进行的"文化切割"，也对两岸包括词汇在内的整个语言系统的分野起到了一个加速的副作用。

　　语言不仅是用来交际的工具，更是民族历史文化的活化石，应该保持相对的稳定性和统一性。当语言的分野发展影响到交际甚至语言的稳定性和统一性的时候，是要引起我们的关注乃至警惕的。从这个角度讲，关注和研究两岸汉语词汇的差异，更多了一份历史责任。因此，我们一方面要高度重视并积极研究两岸汉语词汇的差异。另一方面，我们还要设法推进两岸汉语词汇的整合趋同工作，努力实现"书同文"。回顾过去，两岸词汇差异显著，影响深远。但是，如果我们能够正视并设法去弥合业已存在的差异，在不久的将来，我们一定能够实现"同一个世界，同一个汉语"的美好愿景。

徐红进

2012 年 6 月 6 日

识于昆山

目　录

第一章

两岸汉语差异概述

　　要厘清两岸汉语的差异，首先得从造成两岸汉语差异的原因入手。而所有原因的最终根源，则是两岸语言治权的不统一造成的两岸汉语分野发展。因此，在讨论两岸汉语差异时，本文将以简单梳理两岸语言治权分治后大陆的语言政策和台湾的语言政策为线索，以此提纲挈领，廓清两岸语言差异的源头。

　　两岸汉语差异，可以从语音、汉字、词汇和语法四个层面展开，这四个层面的差异，既有各自独立特征，又存在着一定的内在联系，四者共同构成了两岸汉语差异的完整形态。例如，《汉语拼音正词法基本规则》就将拼音方案的使用范围由汉字音节扩大到汉语词汇和词组。因此，两岸标音系统的差异，事实上对两岸词汇的差异也产生了一定影响。本书主要探讨的是两岸汉语的词汇差异，但为方便研究的展开，同时也为给读者呈现出一个相对完整的两岸汉语差异面貌，下面以一个专章的形式对两岸汉语的语音、汉字和语法差异进行简单的概述。

第一节　语音差异概述

对两岸汉字语音差异的论述可以从宏观和微观两个方面展开。宏观上是两岸对汉字标音方式的差异，微观上是在具体读音上的差异。

一、汉语标音简史

中华民族使用汉字的历史，最早可以追溯到殷商的甲骨文时代，距今已有 5000 余年历史了，但是直到汉代以前，人们对汉字声、韵、调的自觉认识仍然十分模糊，给汉字标音的历史就更不长了。

汉字最初是不标音的，那时候教人读书认字，对字音只能采用描述、比喻的方式教授，业界一般称之为"譬况注音法"。明人杨慎在《丹铅杂录·古人多譬况》中说："秦汉以前，书籍之文，言多譬况，当求於意外。"例如，《公羊传·庄公二十八年》里有句话叫"春秋伐者为客，伐者为主"。何休《春秋公羊解诂》云："伐者为客，读伐长言之，齐人语也；见伐者为主，读伐短言之，齐人语也。"意思就是说，"伐"有两个意思，一个是表主动，指讨伐别国；一个是表被动，指遭受别国讨伐。两个意思靠读音长短来区分。事实上，这不能算严格意义上的注音。

在汉代还有一种"读若法"注音，这是一种以字注字的注音方法，一般写为某字"读若"，或者"读如"、"读似"、"读曰"某字，例如"珣，读若宣"。这是一种近似注音法，所以才有"若"、"如"、"似"之说，有较大的模糊性。

在"读若法"的基础上，又产生了"直音法"。所谓直音，就是用同音字标注汉字的读音，譬如"添，音天"，就是说，"添"这个字，就读"天"这个音，仍然是以字标字，但在声、韵、调方面更准确了一些。其方法很简单，但是弊端也显而易见。假如同音字都是生僻字，那么就没办法辨认了，注了音和没注音没什么两样。特别是有些字没有音、调完全相同的同音字，直音法在这时候就失效了。例如，"糗事百科"的糗（qiǔ），完全同音的字只有"撨"，如果采用直音法就没办法教学了。

随着对汉字声、韵、调的认识日渐深入，特别是汉字声调从音节中切分出来之后，为了克服直音法的上述弊端，人们又发明了"纽四声注音法"。所谓纽四声注音法，简单说就是采用"直音"＋"音调"的方式给生字注音，例如，唐·唐玄度《九经字样》："亨，音

赫平"。"赫"只注了"亨"的声母和韵母,"亨"的调值则由"平、上、去、入"的四声来单独说明。纽四声注音法打破了调值对汉字注音的束缚,较直音法是一个很大的进步。

如果说,声调从音节中切分出来是纽四声注音法产生的前提,那么汉字音节的声、韵二分,则是反切法产生的理论基石。在声、韵二分理论逐步成熟的基础上,到清末的时候,人们开始采用反切法识字。所谓反切,通俗讲就是用两个汉字合起来给另一个汉字注音,反切的上字与所注汉字的声母相同,反切的下字与所注汉字的韵母和声调相同或相近。简单说,就是其前一个字的声母和后一个字的韵母和声调,合起来组成所要标注的汉字的读音。例如,"东,德红切","德"是反切的上字,与被注音的汉字"东"的声母相同,"红"是反切的下字,与被注音的汉字"东"的韵母及声调相同。"德"的声母与"红"的韵母及声调,合起来就是"东"的读音。周有光先生曾将反切法形象地称作"心中切削焊接法"。反切法相对于直音来说,无疑是一个很大的进步,特别是用两个字合起来给一个字注音,较各种版本的直音法,在选字空间上,尤其在选用简单常见字的空间上大为拓展,对汉字读音教学效果明显。但是从实际效果看,这两种注音方法用起来还是有很多不方便之处。

1605 年西方传教士利玛窦在其著作《西学奇迹》中首次采用拉丁字母给汉字注音,开创了拉丁字母注音汉字的先河。稍后的西方传教士金尼阁也作了同样的尝试。两位传教士在字母注音汉字的发展道路上都做出了积极的原创性探索,为后世的汉字注音找到了一条新路。但囿于当时的语言发展条件和社会发展水平,两位的字母注音汉字的思路和方案都还处于雏形阶段,距离比较完备的标音系统还有很长的一段路要走。

19世纪初,另一位西方传教士马礼逊来华,其在传教过程中,为了翻译需要和便于传教,对汉字标音做了不少研究和努力,特别是在其所编著的《英华字典》中,开始以广州话为基准音,用26个拉丁字母给汉字标音。稍后的传教士麦都思在其著作《英汉字典》中也尝试用26个字母给汉字标音。马礼逊和麦都思两位传教士的上述工作,为后来威妥玛拼音的产生奠定了一定的理论基础和操作范式。

1867年,英国驻华使馆外交官威妥玛(1818~1895,今译“托玛斯·韦德”)开始与人合作,耗时8年设计研制出以北京官话为基准音,以拉丁字母为汉字注音的标音方案,即“威妥玛拼音”。1912年,翟理斯在其《汉语词典》中对威妥玛的标音系统又稍加改进,形成“威妥玛–翟理斯式”汉语标音系统。威妥玛拼音研制出来后得到广泛运用,成为当时最为成熟、最为完备,最具操作性的汉字标音方法,特别是在地名、人名注音方面更是影响至今。例如,直到现在,北京大学、清华大学、苏州大学、青岛啤酒、张裕葡萄酒、中华香烟中的“北京”、“清华”、“苏州”、“青岛”、“张裕”、“中华”的汉语标音就不是使用汉语拼音,而是仍以威妥玛拼音为基础的邮政拼音“Peking”、“TsingHua”、“Soochow”、“Tsingtao”、“Changyu”、“Chunghwa”。遗憾的是它没有充分考虑到汉语的语音特点,作为一套标音系统,其自身的不足仍然无法忽视。

到来20世纪初,国学大师章太炎创立了“记音字目”,用以标

记汉字读音。这是一套迥异于西方传教士以拉丁字母给汉字标音的中国式汉字标音法，并在声韵处理上与西方传教士标音方案也有较大的差异，为后来的"注音字母法"开创了先河。

1913 年，当时的教育部"读音统一会"议定产生了我国第一套法定汉语标音方案——注音字母法。该方案以章太炎的"记音字目"为基础，从中选取 15 个记音字目作为注音字母，又通过改造部分汉字的方法新造出 23 个注音字母，此外又新造一个字母"儿"，形成 39 个注音字母，并于 1918 年由当时的教育部公布了这一方案。1920 年，又增加一个注音字母"さ"，这样，就形成了总计 40 个的注音字母系统。注音字母方案从 1920 年开始成为小学语文教育的入门课程。从 1930 年开始，"注音字母"改名为"注音符号"，1932 年，当时的教育部又对"注音符号"做了修订，取消了三个"注音符号"（后改作标注方言之用），形成了所谓的"新国音"，并决定以"新国音"取代"老国音"。这样注音符号就成了 37 个（声母 21 个，韵母 16 个），并基本稳定下来。

二、两岸汉字标音方式的分野与发展

1949 年后，两岸交流开始中断，汉字标音方式的分野也由此肇始。

因为注音字母是以汉字作为字母书写系统并进行标音的，与世界通行的字母标音完全不同，为了与国际接轨，1949 年 10 月，新中国成立伊始，大陆即成立了"中国文字改革协会"，协会下设"拼音方案研究委员会"，专门着手调研制定新的汉语拼音系统方案，1955 年 10 月，国务院又成立了官方的"汉语拼音方案审定委员会"。1958 年 2 月 11 日，采用拉丁字母的《汉语拼音方案》由第一届全国人民代表大会第五次会议正式批准公布并开始在大陆施行；同年，大陆的小学亦开始改教汉语拼音而不再教授注音字母。该方案充分吸取了以往字母标音方法，特别是拉丁字母标音方法的优点，精心研制而成，周总理曾称"这个方案，比起历史上存在过的以及目前还在沿用的各种拉丁字母的拼音方案来，确实更加的完善"。在其后数十年的使用过程中，汉语拼音方案也做过一些微调，但主体结构基本上保持不变。1977 年，联合国地名标准化会议决定采用《汉语拼音方案》作为拼写中国地名的国际标准，1982 年，汉语拼音方案获得了国际标准化组织（ISO）的认证，1986 年汉语拼音方案被联合国公布确定为汉语标准语音系统。1987 年美国国会图书馆开始将中文目录检索全部改为汉语拼音。至此，汉语拼音方案已基本打磨成熟并得到了国际社会的普遍认可。

台湾在 1949 年后仍然沿用注音字母，并推行得相当成功，小学生学习汉字前，一般要先学习大约 2 个月时间的注音字母。两岸在汉字标音上的差异遂由此肇始。随着汉语拼音方案被国际社会的日渐认同和采用，台湾在使用注音符号的过程中，也逐渐感觉到一些不便和边缘化，但出于顾及，仍一直坚持使用。1986 年，台湾将注音符号改为罗马字拼写，称为"注音符号第二式"，而把以前的注音符号称为"注音符号第一式"，这其实已经呈现出向汉语标音系统主流靠拢的趋向。从 1998 年开始，台湾又推出主要由余伯泉先生设计制定的同样采用拉丁字母的"通用拼音"，并于 2002 年开始宣布使用。其实，通用拼音与汉语拼音 80% 以上都是相同的，两岸汉语标音系统趋同的形势得到进一步强化。

2008 年 9 月 17 日，据台湾《联合报》报道，出于与国际接轨及提升国际竞争力的需要，台湾方面宣布调整中文译音政策，改采汉语拼音。推行了 6 年的通用拼音宣告结束。自此，两岸汉字标音系统经过近 60 年的殊途前行，终于又同归为一了。新加坡、马来西亚两国早已先后采用汉语拼音方案作为本国拼写华文的正式标音方案，香港、澳门回归祖国之后，也将汉语拼音方案纳入学校正式课程。自此，汉语拼音方案在整个华语圈中基本获得了一致认同。

三、两岸汉字读音差异概述

除了在宏观的语音标识系统层面上两岸语音存在分野发展的状况外，在微观的汉字读音具体层面上，两岸也呈现出一些规律性的差别。

首先，两岸汉字读音差异的主体根源是两地标准音的采用标准不一样。汉语拼音方案是以北京话的语音系统为基础，为普通话设计的一套标音系统。例如，1953 年出版的第一版《新华字典》的凡例中就明确指出，该字典的字音"以首都语（非北京土话）作标准"。以北京话为基础的北方方言在大陆分布的幅员辽阔，使用人口众多，内部一致性高，古入声的分化差别不大，因此，汉语拼音方案以北京话的语言系统为基础是有其科学性和可推广性的。但是在对南方众多方言区的语音标识上，汉语拼音方案则存在一定的局限性，此其一。其二，在对古音的承继上，特别对是传统反切音的承继上，汉语拼音方案则明显弱于台湾的注音字母方案。其实，这两点也是相通的。因为南方方言区更多地保留了中古音特征。汉语拼音方案更注重共时性层面的覆盖面，而注音字母方案则更注重历史性层面的连续性。正是因为其取舍标准的不一样，才导致两岸汉字读音的巨大差异。据李青梅女士在《海峡两岸字音比较》一文中的统计：《现代汉语常用字表》中的 3500 个常用字，1990 年版的《新华字典》（3500 个字全数收入）中的读音与台湾 1981 年版的《国语辞典》（收入 3597 字，"茌"、"挎"、"锨" 3 字未收入）中的读音完全相同的字有 2711 个，不同的或不完全相同的（音项数目不等的）字有 789 个，约占 23％。这其中，两岸标准音的采用标准的不一致，是最主要因素。同样，该文作者也认为，《国语辞典》注重传统音，注重《说文解字》中的正字音，有时把不常用的音义放在第一位；《新华字典》注重口语音，本着从今从众从俗的原则，常把活在群众口头上并最常用的音义放在第一位。还有就是大陆的读音系统中，北京话字音变异的影响不小。而这些变异音中，很多是不符合语音演变规律和组合规律的，但却借由普通话这个渠道，进入了现代汉语语音系统，甚至取代了传统音。台湾方面也存在这种俗音超越传统音的现象，在《国语辞典》虽也予著录，但一般都放在传统音之后。

其次，汉字简化的不对称性也是两岸字词读音产生差异的一个系统性原因。这里有两种情况。一是汉字在简化过程中，并不是一个简化字对应一个繁体字的。有时候是一个简化字同时代替几个繁体字，譬如简化字"干"就同时对应非简化字的"干"（干支）、"乾"（乾旱）、"幹"（幹事）三个字，这种一简对多繁的简化情况大概有 240 例左右。有时候是一个繁体字同时对应几个简体字，例如，繁体字的"麼"就对应"麼"（mó）和"么"（me）两个简体字，这种一繁对多简的简化情况比前一种要少很多，大概有 10 余例。目前大陆使用的是简体字，台湾仍然使用繁体字，上述这种简繁不对称性简化，就造成了两岸一些汉字的读音不一致。二是在汉字简化过程中，还出现了另一种情况，就是大陆在汉字简化过程中，采用同音字甚至近音字替代的方法简化，例如，"借"本身既是一个本字，同时又作为"藉"的简化字，这样也就产生了与繁体字的读音差别。

此外，在语言治权独立的情况下，为解决多音字读音的混乱，两岸都先后对多音字进行了审音工作。大陆的普通话审音委员会从 1957 年至 1962 年，先后三次推出普通话异读词审音稿，并于 1963 年汇总成《普通话异读词三次审音总表初稿》，1985 年又据此作了修订，推出正式的《普通话异读词审音表》。台湾方面也从 1987 年就开始进行多音字的整理审定，并于 1994 推出《国语一字多音审订表》（即《"国语"审订表》）。从两表的推出时间和内容看，台湾方面应该借鉴了大陆的审音成果，两表的内容也有大比例的接近。但是，在审音的取舍标准上，大陆更多的是以北京语音为标准音，注重实际读音。台湾方面则以传统音为标准音，更重视语音的演变规律。这是造成两岸汉字读音差异的又一因素。

以上主要是从两岸语言标准取舍的角度差异谈了两岸语音上的一些系统性差异。其他各种非系统性的语音差异，这里不再赘述。

第二节　汉字差异概述

海峡两岸在汉字上的差异主要表现在三个方面，即繁简差异、异体字差异和新旧字形差异。其中，尤以繁简差异为主要特征。

一、繁简差异

汉字的繁简问题古已有之，早在甲骨文和金文中，就出现了同一个字有繁简不同写法的情况。特别是篆体隶化和秦统一文字后，虽然文字在整体上走向了统一，但同一个字有不同写法的现象却愈来愈多，成为一种普遍现象。于是，在通行的正体字之外，就有了"俗体"、"俗字"、"小写"、"破字"、"手头字"等，也就是我们通常讲的简体字。在随后的由汉至清的各个时期，汉字都存在繁简之别。而且，不仅存在繁体字的简化，有时还存在简体字的繁化。这主要表现在汉字造字法的假借和形声上。譬如，"莫"字在甲骨文中写作"茻"，四面都是"草"，中间是个"日"，本来表示太阳掉到草丛中，意指"傍晚、日落时"的意思，读作"mù"。例如，《诗经·齐风·东方未明》中有："不能辰夜，不夙则莫"的诗句。这里的"莫"就是"傍晚"的意思。后来，因为表示比较抽象的"无、没有"意思的读音"mò"与之相近，且这个意思又不方便造字，于是就把表示"傍晚、太阳下山"的"莫"假借过去，然后再以原来的"莫"字为"声"，下面再添加一个"日"的标识为"形"，新造出一个新的形声字"暮"（mù）。这样，表示"傍晚、太阳下山"的意思的"mù"字就由"莫"到"暮"，其实就是一个繁化的过程。所以说，汉字繁简之分，并不是什么新鲜事。但是，纵观汉字的演进史，汉字在总体上是由繁趋简的，而汉字的简化又多是使用者的一种自发行为，且一般多是作为正统字体之外的形式存在的，这与新中国成立后进行的汉字简化运动有着很大的不同。

　　新中国成立后，针对当时国民文化素质普遍低下，文盲、半文盲人口占全国总人口的一半以上的国情现状，为尽快让他们识字脱盲，接受文化教育，中央政府集合数百名文字方面的专家学者，直接主导了一场声势浩大、影响深远的汉字简化运动。

　　1950 年，中央人民政府教育部社会教育司编制《常用简体字登记表》。

　　1951 年，在上表的基础上，根据"述而不作"的原则，拟出《第一批简体字表》，收字 555 个。

　　1952 年 2 月 5 日，成立中国文字改革研究委员会，收集整理民间及民国时期主张汉字简化的学者们的简化方案和建议，并于1954 年底在《第一批简体字表》的基础上，拟出《汉字简化方案〔草案〕》，收字 798 个，简化偏旁 56 个，并废除 400 个异体字。

　　1955 年 2 月 2 日，《汉字简化方案〔草案〕》由《人民日报》

发表，并把其中的 261 个字分三批在全国 50 多种报刊上试用。

1955 年 7 月 13 日，国务院成立汉字简化方案审订委员会，由董必武为主委，郭沫若、老舍等任成员。同年 10 月，举行全国文字改革会议，讨论通过了《汉字简化方案〔修正草案〕》，收字减少为 515 个，简化偏旁减少为 54 个。

1956 年 1 月 28 日，《汉字简化方案》经汉字简化方案审订委员会审订，由国务院全体会议第 23 次会议通过，1 月 31 日在《人民日报》正式公布，全国推行。这个方案在以后根据使用情况略有改动，但基本稳定。

1964 年 5 月,中国文字改革研究委员会出版了《简化字总表》，共分三表：第一表是 352 个不作偏旁用的简化字，第二表是 132 个可作偏旁用的简化字和 14 个简化偏旁，第三表是经过偏旁类推而成的 1754 个简化字；共 2238 字（因"签"、"须"两字重现，实际为 2236 字），这就是今天中国大陆的用字标准。

1977 年，文革刚刚结束，中国文字改革研究委员会又公布了"第二次汉字简化方案"的草案。也就是我们俗称的"二简"，例如将"餐"简写作"歺"。二简共收简化汉字 853 个，简化

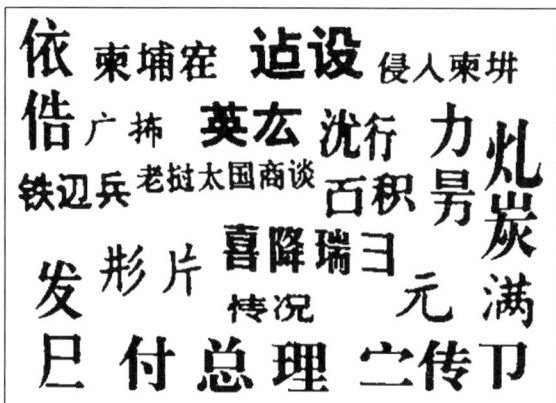

偏旁 61 个。"二简字"严重背离了文字简化的"约定俗成"原则，有为简化而简化的倾向，带有文革时期的狂热，并不符合汉字的发展演进规律。因此，1986 年国务院宣布废止"二简方案"，喧闹一时的"二简运动"宣告结束。同年，中国文字改革研究委员会改成国家语言文字工作委员会，"改革"二字的消失，也标志着大陆汉字简化运动告一段落。

我们再看台湾地区，1949 年以后，台湾地区一直使用繁体字，没有推进汉字简化工作。在整个华语圈中，日本、韩国、新加坡、马来西亚、泰国等都先后不同程度地推行或接受过简化汉字，只有港澳台地区始终沿用繁体字。这就造成了两岸汉字的繁简之别。但是，随着与大陆交流的日益密切，在具体操作上，台湾方面也提出了"识简书繁"的主张，与大陆的"识繁书简"相互配合，对两岸汉字繁简问题的处理有着相当的默契。

关于汉字简化，历来争论不断，褒贬不一。作为学术内的争鸣，这些都是很正常的现象。笔者认为，建国之后的汉字简化，是基于当时的国情做出的决策，有其动机上的合理性。绝大多数简化字，特别是偏旁的简化，有利于提高书写速度和认读速度，也基本符合汉字演进规律，有其理据上的合理性。汉字简化的过程中，整理统一了一批异体字，增强了"名"与"实"的对称性，符合文字的经济性原则，有其技术上的合理性。这些都是应该予以肯定的。但是，在汉字简化的过程中，其存在的弊端也是显而易见的，这也是简化字一直为人诟病的主要原因。其主要表现在四个方面。一是汉字简化隔断了与传统文化在文字上的联系，使人们看不懂古籍和前人字画。后来学界提出了"识繁书简"、"识繁应简"的主张，对汉字简化的负面影响有一定的纠正。二是部分汉字简化的理据性不强，破坏了汉字的音义表达功能，与汉字的正常演进规律不符。例如，"盤"简作"盘"之后，仅仅为了在笔画上省四笔，将上面的"般"改作"舟"，失去了表音功能，不仅破坏了该字的形声字身份，而且将其从"般、搬、瘢、磐"等一类字构成的系统中孤立出来，完全不符合汉字的演进规律，不能不说是汉字简化的一个败笔。三是部分简化字过于简化，丢失了汉字的文化传承功能。例如，"愛"简作"爱"、"導"简作"导"之后，被人戏谑为"爱无心，导无道"，就很形象地反映了这个问题。四是汉字简化过程中，并不是一个简体字对应一个繁体字，而是出现了一简对多繁和一繁对多简的情况，这对我们阅读简体版的古书会有一定的障碍。例如，《史记·高祖本纪》中有一句话叫："义帝无后"。我们今天读起来就有点费解：这义帝到底是无皇后呢，还是无后代子嗣呢？难道是司马迁没写清楚？其实不然，在古代，"后"仅跟皇帝的正妻有关，如"皇后"、"太后"、"母后"，表示子嗣后代的"后"在古代则写作"後"。因此，《史记》中的"义帝无后"，原本应是"义帝无後"，是说义帝没有子嗣（事实上是未找到其子嗣，不一定没有），并不是没有皇后。这就是汉字非对称性简化带来负面效果的一个比较典型的例子。

虽然汉字简化确实存在各种弊端，但是，我们不能因噎废食，全盘否定汉字简化。应该说，从大的历史发展趋势看，汉字简化还是符合汉字演进潮流的，其主体也是符合汉字演进规律的，应该得到坚持。但同时，我们也应该正视汉字简化带来的种种负面影响，并予以妥善应对。

二、异体字差异

两岸汉字的差异，除繁简之别外，还有一个容易引起交流障碍的差异就是异体字的差异。所谓异体字，就是字音字义都相同而字形不同的一组字。如果从广义上讲，汉字的繁简差异也可以纳入进来。但我们一般说的异体字都是狭义的异体字，不包括繁简之别。本文讨论的两岸异体字差异，也是从狭义的角度考虑的，主要讨论的是大陆的繁体字（传承字）及未被简化的汉字与台湾的繁体字（正体字）之间的差异。

从语言的经济原则讲，在共时性层面上，同一语言社区内异体字的存在，没有什么积极意义，只是徒增学习者的负担而已。所以，两岸都先后对汉字字形进行过整理，精简一些完全重复的异体字。但是，因为两岸在对异体字的整理过程中，因为取舍标准不一样，所以就形成了两岸异体字的差异。

大陆方面，1955 年 12 月文化部和中国文字改革委员会联合发布《第一批异体字整理表》，该表共收异体字 810 组总计收字 1865 个，然后每组确定留用传承字 1 个，这样，共废除了异体字 1055 个。后来在 1988 年发布的《现代汉语通用字表》中，又做了微调，恢复了 15 个异体字，最终实际淘汰异体字 1027 个。

台湾方面，1979 年 8 月，台湾师范大学国文研究所公布了受执政当局委托研订的《常用国字标准字体表》初稿，试用三年后，又于 1982

年9月公布了《常用国字标准字体表》，共收字4808个；1982年12月编成《次常用国字标准字体表》，共收字6341个。1994年7月经过修订后公布的《国字标准字体宋体母稿》，共收常用字4808个、次常用字6343个、罕用字3405个、异体字2455个，总计为17011个。

正是由于两岸上述字形整理工作的标准不一，步调不一，两岸异体字差异遂由此肇始。一方面，台湾对异体字的整理非常谨慎，只对音义在任何情况下都完全重合的"完全异体字"字才纳入精简范畴，而对音义部分重合的异体字，则同时予以保留，并对各自承担的意义予以分工界定，变成了同音不同义字。例如，"傑"在大陆是"杰"的异体字，"昇"在大陆是"升"的异体字，但是，在台湾，每组中的两个字都是标准字，而且承担不同的义项。这是两岸异体字产生的第一个来源。另一方面，两岸在异体字的整理过程中，取舍标准不一，大陆作为异体字淘汰的汉字，台湾可能作为标准字保留了下来，反之，台湾作为异体字精简的汉字，在大陆也可能是作为传承字保留下来了。这是两岸异体字差异的又一重要来源。例如，下表就是两岸因为取舍标准不一，产生的异体字差异的代表。

大陆通用字	笋	泪	秘	耻	携	却	夹
台湾标准字	筍	淚	祕	恥	攜	卻	夾

其他诸如两岸对人名、地名的整理，以及新事物的命名，都会产生一些异体字的差异，有关这些的具体表现，限于篇幅，这里不再一一讨论。

三、新旧字形差异

在两岸汉字差异中，字形的差异是比较小的一个方面。一则有字形差异的字总量不大，二则具体到每个汉字上的字形的差异度也不是很明显，基本上不影响认读和交流。

两岸字形差异的主要原因是 1949 年后大陆和台湾分别对汉字字形做过一次系统的调整，而两岸间的调整标准又不一样，大陆偏重于对字形的创新改造，台湾则更注重因循传统，因此产生了差异。

相对来说，大陆以便于认读和书写为出发点，对字形的整理偏重于从简从俗，当一个字的宋体和手写楷体笔画结构不同时，宋体尽可能接近手写楷体，但对文字结构的传统和同类字形的系统完整性考虑不足。例如"内"字，在字源意义上，《说文》的解释是"入也，从门入，自外而入也"，是指由外而入的意思。而且在字部的划分上，《说文》也是将其归入"入部"。但是，大陆在对旧字形的整理时，为了书写的简便，却将"入"改作"人"，完全没有考虑到其文字结构的理据性。台湾方面在整理时就依然写作"内"。

| 內 | 内 | 內字從入從門，從門而入也。自古屬入部，故寫作入，不寫人。 |

台湾方面在字形整理上，以不破坏汉字字源结构、不违背造字原理、合乎汉字书法美学为原则，注重汉字字形的理据性而不在意笔画的多少。其在《国字标准字体宋体母稿》中就明

确指出：“尽量不违背造字原则，虽笔画极近似也区别不混，如‘甜’与‘刮’二字左偏旁不同。”总的来说，台湾方面对字形的整理比较注重依循中国文字的字源结构理据，重传承而不重实用，更不会像大陆那样对汉字的字形加以改造创新。例如，所有属“月”（肉）部的字（如“腰、肾、脸”以及“肖、消、俏”等），“月”（肉）部的里面都不是两横，而是“丷”，比《康熙字典》还要循旧。

肺　肺	區分月字旁與肉字旁。肉字旁內部做點與挑。　市與市(ㄈㄨˊ fú)不同。市字應一筆貫穿。

两岸在新旧字形上的差异，从数量上来说并不少，但是，其差别都是比较细微的。例如“非”字，大陆字形的中间是两竖，台湾字形的中间则是一撇加一竖。虽然有别，但对阅读交流影响甚微。

综上所述，两岸在字形上因为出发点和采用标准的不一，产生了一些差异，各自都取得了一些成果，同时也都有需要改进的地方。双方可以彼此借鉴。例如，“沒”字，大陆在字形整理中改成了“没”，台湾则保持不变。其实，改成“没”之后容易与“设”字相混，而且在字源上也解释不通，台湾的不改，反而更高明一些。同样，上文提到的，台湾在理据上的过分坚持，使得诸如“甜”与“刮”二字左偏旁的不同，其实也为学习者增加了很大的记忆负担。当然，两岸各自的这些优点和不足，也为我们今后携手推进“书同文”提供了一个很好的契机。

第三节　语法差异概述

在整个语言体系中，语法是根基，一切言语交流，如果脱离了语法的规范，就如鸡同鸭讲，根本无法进行。如果把语言体系比作一棵树的话，语法相当于根基，词汇相当于枝干，语音相当于树叶。树叶可以随风摇曳，枝干可以旁逸斜出，根基则必须牢牢地保持稳定，决不能随风摇摆。所以，在任何一种语言的不同语言社区间，语法的变化都是最缓慢的，尤其是在句法结构上，更应保持稳定。同时，正因为语法在整个语言体系中特殊的稳定性要求，其每一点细微的变化都会很明显地呈现出来，并且影响深广。

经过半个多世纪的分野发展，两岸在语法上总体保持稳定的前提下，也产生了一些细微的差异，特别是连语法上的称谓术语都有所不同。例如，大陆的语法，在台湾就叫"文法"，大陆的"宾语"、"从句"在台湾分别称作"受词"、"子句"。就语法本身而言，两岸的差异主要集中在词法上，包括词的构成、词形变化、词性类属等。句法上的差异比较小，尤其是在句子结构规律和类型上，少有差异。这方面的具体表现，不是本书的探究范围，这里不再展开。

在谈两岸语法差异的时候，我们重点关注的一个问题就是为什么会产生这样的差异，即主要探讨两岸语法差异的产生原因。例如，在台湾，无论是口语还是书面语，都喜欢在动词前面加一个"有"。譬如"昨天的晚会你有看吗"、"阿里山的小火车你有坐过吗"，而大陆则没有这种结构，这两个句子在大陆的正常句式应该是"昨天的晚会你看了吗"、"阿里山的小火车你坐过吗"。这些差别是怎么来的呢？要理清这个问题，我们可以借用两岸词汇差异的来源观点，去关注两岸语法产生差异的来源。

在两岸语言治权分开后，台湾语法的变化，主要有三个来源。

一是对古汉语文言词法和句法结构的继承。例如，有些动词和形容词在大陆的现代汉语中是不带宾语的，但是在台湾却可以带上宾语，这实际上是文言文的简介句式在台湾现代汉语中的一种延伸和化用。我们看下面两个例子就可以从中一窥端倪：

> 每一项都攸关台湾经济能否振衰起蔽，也是两岸经贸互利双赢的关键因素。
>
> ——2012 年 9 月 21 日台湾《中华日报》

> 立委王天竞以每天报导，前天曾传有米格机飞越海西中线一事质询孙震。
>
> ——1994 年 11 月 17 日《联合报》

上面两个例子中的"攸关"和"质询"在大陆都是不带宾语的，但这里却分别带上了"台湾经济"和"孙震"的宾语。

此外还有名词带宾语的现象在台湾也很普遍，例如：

　　乌克兰方面开始出现要求台湾比照经援白俄罗斯案例，先对乌克兰提供一定金额的援助，再谈互设代表处的声音。

——1997 年 4 月 7 日台湾《联合报》

这里的"经援"即经济援助的意思，是个名词，但却带上了"白俄罗斯"做宾语，这在大陆正式语言中是不允许的。其他各种词性活用的现象在台湾也很普遍，这也是文言语法在台湾现代汉语中的延续。

二是对部分方言语法的吸纳，特别是对闽南语常用语法的吸收借用。在台湾，大概有 80% 以上的人都会说或者至少能听懂闽南话，这是大陆任何方言都不具备的影响力，所以在台湾，闽南语从语音、词汇直至语法、语用都大量渗透到台湾"国语"之中。前面我们提到的在动词前面加"有"，就来源于闽南语的习惯用法。例如："汝有牵手无"（你有恋人了吗）就是典型的闽南语句式。

三是受日据时期日本大力推行语言同化政策的影响，一些日语句式也进入了台湾语法系统。例如台湾词法中的后缀现象非常

普遍，产生了诸如"手机控"、"微博控"、"食人族"、"月光族"、"飞车狂"、"购物狂"、"背包客"、"陆客"、"休业式"、"毕业式"中的"控"、"族"、"狂"、"客"、"式"等大量后缀或者类后缀。这种词缀现象近年在大陆也很时兴，应该是开放后受台湾和日本两个渠道的共同影响，但远没有台湾普遍。再如日语以"……中"的形式表示的持续态也为台湾语法说吸收。商店门上挂个"营业中"、宾馆客房门口挂个"休息中"，表示商店正在营业，房客正在休息。还有宾语置于动词之前的"宾—动"结构也是来源于日语，例如，在台湾随处可见的"房屋租售，欢迎垂询"等广告语就是受日语"宾—动"结构影响而产生的。

第二章

两岸汉语词汇差异表现形式

　　两岸汉语词汇的差异，可谓是形式各异，包罗万象，涉及到各个领域，具体形态也是千变万化。但从大的方面划分，两岸词汇的差异，可以概况为三个方面的具体表现形态，即同形异义词、同义异性词和单方特有词。

第一节　同形异义词

所谓同形异义词，也就是"同名不同实"词汇，他们是同一个词汇形式，构词成分相同，但表达的意思却不同或不完全相同。同形异义词一般有三个方面的来源，即词义的分头演进、词语的借用、缩略语或新造词的巧合。但无论是那一种来源，在整个差异词汇系统中，其所占的比例都不太高。

词义的分头演进造成的同形异义是同形异义词的主体。这些词在 1949 年以前就业已存在，但在之后的词义演进中，两岸出现了不平衡、不对称演进现象。有的产生了新义项，有的词义范围缩小了，有的词义迁移了，这样就出现了不对称性。譬如"路线"这个词，在两岸都是常用词，而且都作为对外汉语教学的基本词汇，在对外汉语教学中，大陆的"HSK 词汇大纲"和台湾的"TOCFL 词汇表"中都有收录，本义是"经过的道路"。但现在，两岸都已很少使用本义了，而是各自产生了不同的新义。在大陆，"路线"多用来指思想上、政治上或工作上所遵循的根本途径；而在台湾，则用来指做事的门路、方法。又如，"书记"这个词，本意是"书写记录"，一般指撰写公文的文员，这个义项在台湾仍然作为基本义保留。但在大陆，这一义项却渐渐消失了，同时又产生了新的义项，指党、团组织主要负责人。再如"家计"一词，本指"家庭生计"，这一义项两岸至今都仍然沿用。但在台湾，"家计"还有"家庭计划"，即"家庭计划生育"的意思，大陆的"家计"则没有此意。近年来，两岸产生的同形异义词最典型的一个例子就是"同志"一词。"同志"的本意是指志同道合之人，《国语·晋语四》曰："同德则同心，同心则同志。"这就是"同志"的最初义项。大陆在建国后通过与苏联的语言接触，对"同志"一词注入新的内涵，用以指称拥有共同志向，特别是共产主义信念的人，譬如"列宁同志"、"毛泽东同志"等。后来，大陆的"同志"义项进一步扩大为陌生人之间打招呼的一种泛称，譬如"这位同志，借过一下"。"志同道合者"→"拥有共产主义等共同信仰的人"→"陌生人的泛称"，这是"同志"一词在大陆的语义演进轨迹。而在台湾，"同志"一词则除本意得以保留外，更多的是用来指称同性恋者，并由此衍生出"同妻"（男性同性恋者的妻子）等新词。这种同形异义词的发展，对两岸的语言交流及汉语词汇的正常演进都有较大的负面作用。

词语的借用，从广义来看，既可指对外来语词汇的借用，也可指标准语对方言词汇的借用。词语借用是同形异义词的又一来源，但这种借用产生的同形异义词比例很小。对外来词的借用产生的同形异义词而言，一个比较典型的例子是"料理"。该词的汉语本意是指处理安排，是动词。例如"料理后事"，就是指处理安排死者的身后事宜，这一义项两岸现代都还有使用。但台湾还将日语中的"料理"一词借用了过来，指烹饪和菜肴两个意思，如"今天中午

吃日本料理"，这里的料理就是菜肴的意思，是名词。这是对外来语的词汇借用产生的两岸词汇差异的一个典型表现。此外，台湾还从闽南方言和客家方言里借用了一些词汇。如"土豆"一词，本指马铃薯，是薯类作物。但台湾又将闽南语的"土豆"借了过来，闽南语的"土豆"，意指"长在土里的豆子"，是豆类作物，在普通话里是"花生"的意思。这样，两个"土豆"就成了同形异义词。再如"牵手"本是一个动词，两岸都正常使用。在闽南语中也有"牵手"这个词，但作名词用，是"配偶"的代称，台湾"国语"中也借用了过来，所以"牵手"在台湾也就有了两个意思。这是标准语对方言词的借用产生的两岸词汇差异的典型表现。

缩略语或新造词的巧合是仅次于词义分头演进的同形异义词来源。这里的偶然性比较大，多属巧合，没什么规律和理据。例如，"强人"一词，两岸都用，但意思不一样，在大陆，"强人"指"能干的人"，如"女强人"；而在台湾，"强人"有时是"强盗"的意思，如"夜遇强人"。再如"外教"，在大陆，是对"外籍教师"的缩略，而在台湾却是对"外来宗教"的缩略，完全不同的两个概念。类似的还有"铁人"、"下海"、"影集"、"公车"、"第三者"、"超生"等。再如台湾青年人中流行一个新造词"发漏"，例如："哎，上个月出了新电影，我都没有发漏到，已经看不到了，好难过喔。""你最近都没有发漏我，我换了新鞋子你都不知道。"这里的两个"发漏"分别表示关注、关心等意思，该词是对英语"follow"的音译。在大陆，目前还没有"发漏"这个词，但是有这样的词组，例如："刚才分鞋子的时候人太多了，你把我发漏了。"这里的"发漏"是"分发漏掉"的意思。这句话如果让台湾年轻人看，就容易产生相反的理解。这也是两岸词汇同形异义词的一种新表现。又如，近年随着房价的高企，住房问题成为大陆人，尤其是年轻人的第一头痛之事，"关于房子的那些事儿"也就被年轻人缩略成"房事"一词，经常挂在嘴边，与两岸均早已存在的传统意义上的"房事"大相径庭。

此外，有些词字面上的意思并没有什么不同，但其内涵仍有区别，也应算是同形异义。如"国庆节"、"教师节"、"儿童节"等，来源和日期均各不相同，也就有了不同的内涵。再譬如"土地改革"一词，在台湾是个经济词汇，而在大陆则是一个政治词汇。1950年代台湾也曾搞过一次土改，但只是经济上的一些改良措施，并未触及土地所有者的根本利益。而大陆的土改则是一场涉及生产资料所有权归属问题变革的根本性社会运动。其他的例子，如"客座教授"，台湾指在境外学有专长后被聘请回台在大专院校任课的人，聘期通常为一至两年；大陆指某校的教授同时受聘为另一学校的教授，不定期地去讲学，另一学校便称该教授为其客座教授。

另外，台湾喜欢把美国人说成"美人"，法国人说成"法人"，外交部简称为"外部"等。与我们平常说的"美人"、"法人"、"外部"在词义理解上也有较大的差异，虽然这不是比较正式的语言。

从差异词汇的总量上看，据《两岸现代汉语常用辞典》中所收录的 45000 个词语统计分析，两岸完全通用的词语约有 42700 条，有差异的约 2300 条左右，差异率在 5.1%。这里收录的主要是书面用语，一些口语化的生活用语中的差异词汇未被收录其中。如果把这些也考虑进去，差异量应该更大一些。据国家语委语言文字应用研究所苏金智研究员的估算，两岸有差异的词语约在 5000 个左右，占总词汇库比例约为 10%。笔者认为，这个估计应该是适当的。根据抽样统计，上述这种同形异义词占整个差异性词汇的比例估计最多不会超出 6%，即两岸这种同形异义词总量应该不会超过 300 个。而根据苏金智研究员从中选取的 200 个作为标本的进一步分析，完全同形异义的只有 "影集、生命线、组织人、高考、脱产、外教" 6 个，其他都是部分同形异义词。如果根据这一比例，整个同形异义词中，完全异义的应该也不会太多。笔者以苏金智先生提供的 200 个同形异义词作为标本，根据同形异义词的三个方面的来源进行分类统计发现，词义的分头演进造成同形异义的有 156 个，约占总数的 78%，是同形异义词的主要来源，缩略语或新造词的巧合共 34 个，约占 17%。词语的借用及其他共 10 个占总数的 5%。需要指出的是，同形异义词，即便是完全的同形异义词，在词义上仍然有一定的关联性，词义毫无关联或者完全相反的情况很少见。从笔者掌握的资料看，比较典型的例子是 "窝心" 一词。这个同形异义词在两岸都经常使用，但意思却是完全的相反。在大陆，窝心是闹心、不如意的意思；但在台湾，窝心却是顺心、称心如意的意思。这恐怕不仅在汉语社区语言词汇中是绝无仅有的，就是在全世界的各种语言中，也不会多见。

第二节　同义异形词

所谓同义异形词，也就是"同实不同名"词汇，是指两个在字符形式上彼此不同的词汇，指向的却是相同的义项。两岸汉语同义异性词汇在整个差异词汇中占绝大多数，约占整个差异性词汇的70%以上，是两岸差异词汇的重点。同义异性词的来源一般也主要有三个方面，即社区词汇的发育、翻译词的产生和方言词的进入。

社区词汇的发育，在大陆的比例尤高，这主要是因为大陆在建国之后经历了一次"另起炉灶"的语言变革，人为地发育出了不少社区词汇，此其一。其二，大陆自建国到现在，短短60余年间，社会政治、经济、文化等各领域都经历了数次大的变革，新现象、新事物的层出不穷，"实"的增加客观上需要有新的"名"来与之匹配，这也就相应地促使了大量社区词汇的发育。而台湾方面，语言的发展要相对平缓很多，加之其未实行过大的语言变革，较完整地保留了大量旧词，所以在两岸的同义异形词中，大陆社区词与台湾旧词的对应占了不少的比例。譬如说"同事"与"同僚"、"副部长"与"次长"、"米"与"公尺"、"邮递员"与"邮差"、"妻子"与"太太"、"公章"与"关防"、"工资"与"薪资"、"请愿"与"陈情"等，就属于这一类。当然，台湾方面也产生了一些社区词，如"荣民"、"外省人"等，但相较大陆而言，要少得多。

两岸同义异形词最主要的来源还是翻译词，翻译词的对象相同，但由于翻译的理念、标准、手段、习惯的不同，因此造成翻译词汇的同义异形。这是两岸同义异形词的主体。特别是两岸语言分野发展之后，因翻译差异造成的同义异形词已经成为两岸差异性词汇里更新最快，增量最多的一类差异性词汇。综合来看，两岸翻译上的差异性词汇大致可分为三类。

第一类是对旧有翻译词汇的扬弃差异。台湾对 1949 年以前的旧有翻译词的完整继承和大陆的扬弃新造是两岸翻译词同义异形的第一个来源。譬如英语词"vitamin"和"party"，早在解放前就有了汉语译词"维他命"和"派对"，1949 年后，台湾继续沿用这两个旧有译词，但大陆却分别新造了一个新译词"维生素"和"聚会"，这样，"维他命"和"维生素"、"派对"和"聚会"就因为对旧有翻译词汇的扬弃差异而构成了两对同义异形词。再如法语词"nougat"，旧译"牛轧糖"，该译词随着当年大量大陆人士的迁台而一并带到了台湾，在大陆，这个词则在相当长一段时间里基本上废弃不用了，后来随着两岸往来的密切，"牛轧糖"已然成为台湾特产被带到大陆，该词也就搭特产的便车再次"登陆"。

第二类是语言接触对象的不同造成的翻译词汇的同义异形。冷战时期两岸因对外交流对象的不同而带来语言接触的差异，并由此造成的非对应性翻译词汇与其他词汇的同形异义，是两岸翻译词汇同义异形的又一个来源。譬如当时大陆与苏联等社会主义阵营交流密切，因而产生了大量的俄语来源的翻译词，而这些俄语词在台湾地区根本就没有，但是台湾地区却有与之对应的非翻译词汇，这样就产生了新一类同义异性词。譬如大陆的俄语译词"布拉吉"，在台湾地区有"连衣裙"与之对应。再如台湾地区的英语译词"杯葛"（boycott），是早年在与英语国家的密切语言接触中翻译过来的"舶来品"，因为当时大陆与西方世界少有接触，所以该词在大陆也很少见，而是以近似的"抵制"代之。（从严格的对应角度看，该类不能一一准确对应的同义异形词也可以视为单方特有词，详见下节论述。）台湾方面类似的英语词汇还有"奶昔"、"起司"等。

第三类是因翻译理念和标准的不同而产生的翻译词汇的同义异形。1980 年代后，随着大陆对外开放步伐的不断加快，两岸都同时大量翻译了不少西方词汇，但是，因为两岸翻译理念和标准的不同以及两岸彼此间交流的不够充分，对同一外来词汇就翻译出不同的汉语词。这类差异性词汇在两岸几乎是一一对应的关系，而且数量庞大，是整个差异性翻译词汇的主体。譬如英语"copy"一词，大陆翻译作"复印"，台湾则翻译作"影印"，其实他们是一个意思。这类同义异形词在人名、地名的翻译中表现的最为突出。例如"Sierra Leone"，大陆翻译成"塞拉里昂"，台湾译成"狮子山"，"Eisenhower"，大陆翻译为"艾森豪威尔"，台湾译作"艾森豪"等。

方言词的进入也是两岸同义异形词的一个来源，但是总量不大。相对来说，大陆的方言词进入普通话系统的可能性和概率较台湾闽南语进入台湾"国语"的可能性和概率要小得多。这是因为，大陆的方言众多，而且势均力敌，单个的影响力比率较低，其词汇进入普通话系统的几率自然就小了许多。而台湾的闽南语作为一种极为强势的方言，在台湾起码有 80% 的人能说或者能听懂，其词汇进入台湾"国语"的几率自然就大了。当一方有方言词进入了标准语系统甚至取代原有的标准语词汇，而另一方没有该方言词，只有标准语时，那么该方言词与对方的标准语词汇就构成了一对同义异形词。例如，大陆改革开放后，"打工"（干活）、"下海"（改行经商）、"炒鱿鱼"（解雇）、"水货"（走私品）等粤语词迅速进入普通话系统，而"讨海人"（渔民）、"歹势"（不好意思）、"衰"（倒霉）、"鸭霸"（不讲理）、"冻蒜"（当选）、"碎碎念"（唠唠叨叨）等众多闽南语词汇更是不断由"一方之言"变成"广为人知"的台湾"国语"词汇。这些方言词的"出走"和"转正"，便与对方的标准词汇形成同义异形关系。

第三节　单方特有词

　　所谓单方特有词就是指某一方因特有事物、特有词汇缩略、旧词的单方保留而产生的,并在另一方的现有词汇体系中找不到与之完全对应的且尚在使用的特有词汇。单方特有词在很大程度上是社区词汇发育的结果,当然也有少量的外语借词。例如,台湾词汇中就有"欧巴桑"、"欧吉桑"、"马杀鸡"、"休业式"、"车掌"等日语借词和"杯葛"等英语借词。大陆词汇中就有"杜马"、"布尔什维克"、"康拜因"等俄语借词和"思密达"、"金达莱"等朝鲜语借词。

　　单方特有词可以有广义的和狭义的两种理解。广义的单方特有词,就是指在该语言社区外找不到"同形同音"的词,但可以有与之"同义"的对应词汇。所以广义的单方特有词包含了同义异形词。狭义的单方特有词是在该地区特殊的语言社区环境下产生或沿用,反映的是该地区特有的事物、概念,在该社区外,不仅找不到与之同形同音的在用词汇,也找不到与之完全同义的替代词汇。这种单方特有词汇在整个差异词汇系统中所占的比例也不大。本文接下来所要讨论的是狭义单方特有词。

　　单方特有词因其在特定的语言社区环境下产生或沿用,反映的是特定历史条件下的特殊现象，因此，在实际语言发展中表现出如下几个特征：

一是使用周期短。单方特有词汇以热词居多，这些词汇普遍"来也匆匆，去也匆匆"，使用周期不长。它们在短期内可能在社区内非常流行，使用范围广、频率高。但热点一过，就很少有人用了。譬如大陆的"黑五类"、"四害"、"革委会"、"粮票"、"倒爷"、"乡镇企业"、"房改房"、"入世"、"下岗"、"非典"、"房婶"、"犀利哥"等，在当年都人尽皆知，但是时间一过就罕有问津了。同时，新的单方特有词也会源源不断产生。

二是词汇封闭性强。单方特有词因其产生背景太强，社区外的人，对其背景不了解，单看词汇，很难理解其意义，在交流过程中显示出极强的封闭性，不利于交流。譬如，一个台湾人就很难理解"双规"、"学区"、"驴友"、"减负"、"打非"、"稳控"、"萝卜招聘"、"土肥圆"、"屌丝"等大陆社区词。同样，我们第一次看到"A钱"、"拜票"、"背书"、"走路工"、"拔桩"、"冻蒜"、"奥步"、"情治"、"太妹"、"五鬼搬运法"、"抓猴热线"、"发漏"、"揪团"、"点购"等台湾词汇，也会一头雾水。

三是借用几率高。这种特有词汇虽然为一方所特有，且有很强的产生背景，特异性非常明显。但是，正因为其特有，社区外找不到对应的词汇，所以在双方交流过程中，只能直接引用，其中，一些生命力较强的词极易被对方所吸收借用，成为跨区词汇。两岸愈是交流密切，跨区借用几率愈高。例如，随着近年来两岸交流的急速升温，"黑金"、"贪腐"、"愿景"、"族群"、"跑路"等台湾特有词汇，现也已为大陆人耳熟能详了。而大陆的"两会"、"春晚"、"城管"、"强拆"、"团购"、"地沟油"、"表叔"等词汇也时常见诸台湾报端。

第三章

两岸汉语词汇差异的原因分析

前面我们也提到，两岸文化本来是同根同源的，语言文字上没有多少实质性的差异。两岸词汇现在表现出来的差异，主要有以下几方面的原因：语言接触、方言共同化、社区语言的发育、词汇演变的分野、构词取向差异以及翻译标准的差异等。造成这些原因的总根源，则是两岸间相当长一段时间里政治上的彼此隔绝、语言文化上的各行其是和两岸人员的不相往来。陈水扁当政时期推行的"文化切割"更是起到了推波助澜的作用。从这一点看，两岸间语言词汇的差异远不是普通话与方言、方言与方言之间的差异那么简单。这里面有比较大的人为因素和政治因素，这是一般方言间的差异所不具备的。

第一节　语言接触引起的差异

语言接触从大的方面讲可以包括一种语言和另一种语言、同一种语言内一种方言和另一种方言间的接触并由此产生的彼此之间语音、词汇、语法的相互影响和借用；从狭义上讲，则仅指一种语言和另一种语言之间的接触。本文讨论的语言接触引起的两岸间词汇差异，指的是狭义范围内的语言接触。

1949 年以后，相当长一段时间内，由于两岸不同的意识形态和政治生态环境所限，双方的对外交往情况也迥然不同，相应地，也为各自的语言接触提供和限定了不同的外部环境和机缘。

先看大陆方面，建国后由于特殊的政治环境和"一边倒"的外交策略，在较长的一段时期内，我们的语言接触范围比较小，主要是与当时的社会主义国家阵营间的语言接触，譬如与俄语、朝鲜语等的接触，特别是与俄语的语言接触尤多，产生的影响也尤深。如"乌拉"（万岁）、"布拉吉"（连衣裙）、"拖拉机"、"康拜因"（联合收割机）、"布尔什维克"（多数派）、"孟什维克"（少数派）、"杜马"（议会）、"喀秋莎"（移动式联发火箭炮）、"裂巴"（面包）、"斯普特尼克"（人造卫星）等，都是从俄语借用过来的，有的到现在还广泛使用甚至进入了汉语的基本词汇系统。此外，朝鲜语的"金达莱"（映山红）、"思密达"、"阿里郎"等词汇也在朝鲜战争期间在汉语词汇系统中流行开来。但是，中苏关系恶化之后，尤其是十年动乱时期，随着大陆对外交流的锐减，汉语的语言接触也近乎为零，相应地，这一时期的汉语外来词借用也几乎为零，之前的俄语等外来借词也慢慢淡出普通话词汇系统。

再看台湾地区，因为在抗战胜利前，日本曾占领台湾达半个世纪之久，并强力推行"语言同化"政策，日语成了台湾地区外来词的主要来源。即便是战后，特别是 1949 年至 1987 年间，台湾地区与日本政治往来虽几近中断，但日语词的对台输入仍在持续。随着 20 世纪 80 年代后期台日交往的升温，到 90 年代中期，台湾青年还曾出现"哈日"现象，日语词的借用又进入一个新的高潮。日语对台湾地区词汇的影响之深，远非任何其他语言接触所能比拟，日语词被台湾借用的现象更是俯拾皆是。例如：

日语借词	普通话对应关系
埠头	码头
便当	盒饭
万年笔	钢笔
自转车	自行车
自动车	汽车
坪	3.306 平方米
飞行机	飞机
放送	广播

（续表）

日语借词	普通话对应关系
运转手	司机
机车	摩托车
看护士（源于日语"看护妇"）	护士
小使仔（源于日语"小使"）	勤杂工
免仙（仙，日语"钱"的［sian³］读音）	免费
马杀鸡（massage 日语音译）	按摩

其他如"卡哇伊"、"卡通"、"正太"、"正妹"、"萝莉"、"轻熟女"等日语词汇，也随着日本卡通片的在台风行，而成为台湾人，尤其是青年人的日常口头词。

还有一个现象是，1949 年前在与西方语言接触中借用来的一些外来词，如"维他命"（英语"vitamin"，大陆今译"维生素"）、"派对"（英语"party"，大陆今译"晚会"）、"牛轧糖"（法语"nougat"）随着当年大批大陆人的迁台，也一并带入到台湾，至今仍然广泛使用。但在大陆，这些词基本上已经改用新词或废弃不用了。

此外，由于解放后台湾地区与美国等西方国家交往密切，所以这一时期，有不少英语词被台湾吸收借用，例如"杯葛"、"奶昔"、"起司"、"镭射"等。而大陆则要到 20 世纪 80 年代改革开放以后才开始与西方语言广泛接触，并借用西方语言词汇。

总体而言，大陆现代汉语词汇中通过语言接触而产生的新词在整个词汇系统中的比例要低于台湾方面，并且各种语言接触的途径也有很大差别。

第二节　方言共同化的差异

方言共同化是在一种语言内部产生的，它和语言接触不一样。语言接触是两种语言之间表现出的对对方副语言要素的吸收借用，特别是在词汇上，中间必须有一个翻译的过程。方言共同化是同一语言内一种主流或强势方言对非主流或弱势方言的直接吸收借用，如"唠嗑"（闲聊）、"得瑟"（显摆）是大陆普通话对东北方言词汇的吸收，"讨海人"（渔民）、"状元才"（才子）、"查某人"（女人）是台湾"国语"对闽南话词汇的吸收。当然，也有少数方言因为没有对应词汇，也会采用音译的形式，例如"冻蒜"一词，就是台湾"国语"对闽南语"当选"的音译。两岸词汇方言共同化的来源、程度不一，也是造成两岸词汇差异的一个极其重要的原因。

先看大陆方面，大陆方面一则由于从建国伊始就强力推广普通话，以北方方言为基础的普通话的地位非常突出，所有方言都被严重弱化，一般较少能走出方言区，所以就整体比例而言，各方言词汇被普通话借用的比例并不高，此其一。其二，因为大陆幅员辽阔，方言众多且势均力敌，在占比不高的普通话方言词汇中，其来源自然就比较丰富多样。当然，方言如此众多，每一种方言词汇进入普通话的几率也不尽相同。这主要与该方言区在全国的经济、政治、文化的辐射力呈正相关的关系。例如，20世纪80年代，随着东南沿海特区经济的繁盛，广东一时成为全国经济发展的领跑者，人员的快速涌入和流动，也让"打工"、"下海"、"酒楼"、"埋单"、"老板"、"炒鱿鱼"、"水货"等大量粤方言词汇迅速进入普通话词汇系统。而近些年来随着东北小品、二人转等东北地方民间艺术在全国的流行，"埋汰"、"唠嗑"、"捣鼓"、"备不住"、"杠杠的"、"磨叽"等东北方言也很快在全国流行开来了。

台湾方面的情况与大陆则不一样。首先，1949年之前，台湾的语言状况较大陆要简单得多。从大的方面看，基本上可以划分为两个大的板块：闽南话和客家话。此外，在南部还有少量原住民（大陆通称为高山族）操南岛语系。1949年后，随着国民党当局的迁台，北京话也被带到台湾，并不断得到推广，最终形成所谓的"国语"。但是，在台湾"国语"不断推广的同时，闽南话、客家话仍然大行其道，特别是闽南话，在台南地区甚至仍然是主要流通语言。即便是在台湾全岛，大约也有超过80%的人能说或者能听懂闽南语。也就是说，相对于大陆方言，闽南话、客家话在台湾并未受到太大弱化，所以其词汇进入台湾"国语"的几率相对大陆方言来说要高得多。同时，台湾"国语"对闽南话、客家话的词汇吸收也要宽容得多。另一方面，因为台湾方言本来就不多，所以其词汇进入台湾"国语"的比例也就比较高。这就是我们感觉台湾"国语"里有大量闽南语、客家语等词汇的原因。例如，"古意"（忠厚老实）、"法度"（方法）、"头路"（职业）、"撇步"（妙招）、"露气"（出丑）、

"白贼"（说谎）等就是闽南话词汇进入台湾"国语"词汇系统的。"叔尾"（婶母）、"大小仙"（连襟）、"巡查"（警察）、"菜头"（萝卜）、"菜脯"（萝卜干）等都是客家话进入台湾"国语"的。

值得一提的是，台湾"国语"词汇在方言共同化方面，还有一个转吸收的现象。即某个词汇，可能先是由客家话进入闽南话词汇系统，然后再由闽南话进入台湾"国语"词汇系统。或者先由闽南话进入客家话词汇系统，然后再进入台湾"国语"词汇系统。所以有时候，因为厘不清源头，就较难分清这个词汇是由闽南话进入台湾"国语"的，还是由客家话进入台湾"国语"的。例如，"歹势"（不好意思）这个词，闽南话和客家话中都有，到底是谁借用了谁，很难说清楚。

因为语言亲缘关系的缘故，台湾原住民的南岛语言词汇进入台湾"国语"的比较少见。

综合上述，我们基本可以看出方言共同化在两岸的显著差异，以及由此带来两岸词汇差异的深远影响。

第三节　社区语言词汇的发育

社区语言是指在同一语言内部，由于历史条件、政治制度、社会环境、语言生态的不同等特殊原因而使该语言在不同区域之间相对独立，分野发展的一种语言现象。其在政治、经济、文化、科技、生活、娱乐等各个领域都会基于不同事物和概念而产生不同的词汇，这些差异性词汇就是社区语言词汇。例如，就汉语而言，就有中国大陆、台湾、香港、澳门地区，以及新加坡和分布海外各地的中国华人群落等不同的社区语言。海峡两岸因为分属于不同的语言社区，所以也就相应地产生了不少社区词汇差异。

从政治军事方面看，"右派"、"黑五类"、"人民代表大会"、"政协"、"解放军"、"军区"、"二炮"、"抗美援朝"、"子弟兵"、"双拥"、"双规"、"参政议政"、"差额选举"、"和谐社会"、"中国梦"等都是大陆在不同历史时期产生的社区词汇；而"泛蓝"、"绿营"、"荣军"、"荣民"、"外省人"、"原住民"、"族群"、"山胞"、"党禁"、"国军"、"离岛"、"冻蒜"、"黑金"、"A钱"、"奥步"、"消毒"等则是在台湾发育出来的社区词汇。

从经济金融方面看，"一化三改造"、"三线"、"联产承包"、"大包干"、"改革开放"、"经济特区"、"下海"、"下岗"、"倒爷"、"开发区"、"乡镇企业"、"三资企业"、"民企"、"外企"、"发改委"、"创业板"、"沪市"、"深市"、"证监会"、"万元户"、"保税区"、"新区"、"小康"、"现代化"、"自贸区"、"试验区"等新词随着大陆经济的发展而不断涌现；而台湾因为经济起步比大陆早，受到的干扰也比较少，所以这方面的词汇显得更为活跃，"公地放领"、"农复会"、"十项建设"、"积极管理"、"老农津贴"、"国民年金"、"绿色矽岛"、"上柜"、"证期会"、"证管会"、"陆资"等台湾经济方面的社区词汇可以说是层出不穷。

从文化教育方面看，大陆的"文联"、"三下乡"、"两服务"、"三突出"、"双百方针"、"作协"、"百花奖"、"样板戏"、"高大全"、"春晚"、"高考"、"知青"、"职业教育"、"义务教育"、"春蕾计划"、"希望工程"、"择校费"、"自费生"、"委培生"、"春招"、"对口单招"、"专升本"、"调剂"、"减负"、"臭老九"、"海归派"、"千人计划"等，随着大陆文教政策的不断调整、改革，种种新词也不断涌现；台湾方面，一方面是继承了大量建国前的词汇，"古为今用"，例如："幼稚园"、"国文"、"国语"、"国中"、"国小"、"国剧"、"文宣"、"书局"等；另一方面，则是随着台湾社会经济的不断发展，而产生了大量新词，例如："五专"、"四技"、"建教合作"、"产官学"、"联考"、"空大"、"育成中心"、"安亲班"等。

从两岸社区语言的对比来看，大陆的社区语言发展呈现一个显著的特点就是："另起炉灶"。即在语言词汇上摒弃了不少旧社会留下了的固有词汇，另行启用一套新词汇，这与建国后的外交方针颇为相似。新社会新气象，词汇方面另起炉灶，给人耳目一新的感觉，也未尝不可。另外，旧社会的有些词汇也不可避免地沾上了旧思想、旧意识的影子，到了新社会，确实也不再适合使用了，例如"长官"、"老爷"、"同僚"等，废弃也是势所必然。但是，大规模地弃用旧词，另造新词，也产生了不容忽视的负面影响：一方面是强化了社区词汇的特质，加剧了语言的差异性；另一方面，对语言的继承、稳定也有不利影响；另外，对后来两岸间的交流也带来了一定的不便。台湾的社区语言发育，相对于大陆的"另起炉灶"，则呈现出两方面的特征。一是"继古"，就是继承了较多的传统词汇，例如："年资"、"福祉"、"尾牙"、"加菜金"、"佣金"、"劳工"、"教员"、"未亡人"、"往生者"等；二是"融洋"，就是吸收了不少西方语言词汇，并结合中国文化，造出了一些新词，例如："原子笔"、"物语"、"空大"、"太空梭"、"发漏"等。

第四节 词汇演变的分野

两岸词汇差异,除新造词的差异外,双方都在使用的固有词汇,有时候也会有所不同。这其中一个极其重要的原因就是词汇演变在两岸的分野。

一个词汇产生之后,其意义范畴并不是固定的,而是不断缓慢发展演进,有的词在发展过程中其所包括的意义会不断扩大,有的则会逐渐缩小,还有的则会慢慢地丢弃了本意,而有了与原来词义联系不大甚至不相干的新意项。但如果是在一个语言社区内,这种词义的缓慢演进,对同一时期的人们之间的交流是没什么影响的。但如果一种语言有不同的社区,并且不同语言社区间交流并不是很畅通的话,其词汇的演进就可能产生分野了。时间越久,分野自然也就越大,进而就会影响交流,甚至发展成不同的语言也不是没有可能的。

大陆和台湾的语言词汇,在过去相当长一段时间内,就几乎是在彼此隔绝的环境中独立发展。这种状况,为两岸词汇演变的分野提供了自然条件。在近半个世纪的分野发展中,因两岸词汇演变的不同步、不平衡,也确实产生了不小的差异。例如"伙计"一词,古已有之，一般是对商贾人家所雇用人员的称呼，这一词义在大陆至今仍然得到了保留。同时，彼此年龄相仿的熟人，有时也可以称为"伙计"，这一意项是"伙计"一词在大陆的新增意。而在台湾，1949 年后，随着台北因为"建省"而人口云集、商家渐多，但又因基建设施的开发迟缓，配套设施的短缺，不少年轻人来此之后，因无家室便临时姘居在一起，遂以"伙计"相称，于是"伙计"一词后来就慢慢演变成了"情人"的意思，同时，其固有的本意也就因不再适用而废弃，于是人们又新造了"薪伙"、"辛劳"等词来代替过去的"伙计"旧有词义，并由"薪伙"、"辛劳"等词再造出"薪资"、"劳资"等新词，形成了一个小的词汇群。再譬如"矛盾"这个词，本是来自成语"自相矛盾"，表示两个正好完全相反的事物、现象和言论。台湾至今仍然只有此意。但在大陆，还由此引申指因意见分歧或物质纠葛而导致的思想或言语上的对立和交锋。这一义项在台湾则由"冲突"一词承担了。又如"简单"一词，在两岸的分野发展过程中，却表现得非常"不简单"。"简单"的本意是指结构单一或者处理事情的程序少，与之对应的最接近的反义词应该是"繁琐"。大陆基本完全继承了其本意，并延伸指为人单纯或人际关系清晰，其整个词汇的主体面貌是偏向于褒义词的。可是在台湾，"简单"一词却朝着与大陆相反的方向演变，一般是形容为人处世的"大条"、笨拙、不精细，也就是我们常说的"四肢发达、头脑简单"一类，是一个带有贬义色彩的词汇。所以，如果我们评价一个人说"这人比较简单"，在大陆，听起来可能是在夸这个人，在台湾，则是贬损一个人。与之对应的另一个词"复杂"

也是如此。"复杂"的本意是指事物的种类、结构、头绪等多而杂，且难于理清。这个基本义项两岸都有使用，但是在引申义项上却出现了分野。在大陆，"复杂"向抽象化发展，主要有两个引申义项，一是可以指人的思想意识等方面想的多，例如，我们常说，"这里面没你想的那么复杂"；二是指人的出身背景或人家关系方面不清晰甚至不清白。在台湾，"复杂"的引申义则与人的想法无关，更多的是指人际关系网络深、密，接近于大陆的第二个引申义项，但是在感情色彩上却与大陆有着本质区别。在大陆，我们说"这个人比较复杂"，是一个非常差的评价，有说此人来历不明或历史不清白的意思，贬义色彩浓厚，与该"复杂"比较完整对应的词汇是"纯洁"。在台湾，我们说"这个人比较复杂"，则是一个正面的评价，是说此人人脉关系"不简单"、"很厉害"，有夸赞的意味。与该"复杂"比较完整对应的词汇是"厉害"、或者大陆义项的"不简单"。所以，海峡两岸在"简单"和"复杂"这两个词的引申义、引申义的反义词上都无法对应，这就是两岸汉语词汇的分野演变的结果。

　　上述就是同一个词汇在两岸不同环境中的分头演进。类似的词汇还有"爱人"、"公车"、"下海"、"检讨"、"报告"、"工读生"、"先进"、"前辈"、"管道"等。

　　当然，不是所有"同名不同实"的词汇都是因词汇的分头演进造成的。有的纯粹是巧合，例如，"桌球"一词，大陆指"台球"，台湾则指"乒乓球"，都是因为在桌子上打的球，因此不约而同地都叫"桌球"。有的则是因为翻译造成的，例如，"软体"一词，在大陆多用在生物学上，一般指诸如毛毛虫等软体动物；而台湾则是 IT 行业的术语，是对英文"software"的翻译，这个英文词汇在大陆则翻译成"软件"。

第五节　翻译的差异

翻译词也称外来词、借词，是在语言接触过程中，对对方语言，特别是强势语言的一种吸收。萨丕尔曾说："语言，像文化一样，很少是自给自足的。交际的需要，使说一种语言的人和说临近语言的或文化上占优势的语言的人，发生直接或间接的接触。"语言接触和翻译词的大量引入汉语，并不是近现代才有的事情。例如，我们熟知的"葡萄"、"胭脂"、"胡笳"、"浮屠"、"菩萨"、"琉璃"等词汇就是典型的外来词，而且在中古时期就存在于汉语词汇之中。在汉语历史上，曾先后出现三次大规模引进外来词的高潮。第一次是中古时期，随着佛教的传入和佛经的大量翻译，汉语从古印度的梵文等语言中舶进来大量西域词汇，如前面提到的"葡萄"、"菩萨"等；第二次是晚清时期，西方的坚船利炮打开了封闭的国门之后，放眼看世界的国人和来华传经布道的西方传教士开始将大量西方词汇带到中国，或者取道日本辗转流入中国，如"经济"、"政治"、"逻辑"等；第三次则是改革开放之后，大陆在开放引进以欧美为主体的西方世界国家的经济和技术同时，也引进了大量西方词汇，如"手机"、"冰箱"、"互联网"等。再看台湾方面，近代以来，台湾曾经长期孤悬海外，频落敌手，对外的语言接触、被接触更是频繁，其汉语外来词的情况也更为丰富和复杂。

回顾汉语外来词的发展历史，我们知道，首先，因为语言接触而产生外来词并不是什么新鲜事，古已有之；其次，经过前两次大规模引进外来词的实践，汉语已经形成了一些固定的翻译引进模式，发明了音译（即对音转写）、意译、音意合译、音译＋类名（即在对音转写的基础上在添加用以之类的名词）等多种具体翻译形式，并提出了"信、达、雅"的翻译标准；最后，两岸翻译词汇的差异，主要是两岸语言治权分立之后才产生的。之前的翻译词汇基本上还是通用的。

从语言的经济性原则看，两岸词汇因翻译而造成的差异，实在是徒增了人们的记忆负担，没有多大意义。特别令人担忧的是，两岸语言分野之后，这种差异词汇发展迅速，成为所有差异性词汇里更新和增加最快的一类。我们认为，两岸如果要缩小彼此间的语言差异，促进交流，首先就应该从翻译开始，订定一套统一的翻译标准，减少这种完全不必要的差异。

翻译的对象是相同的，但翻译的理念、手段和习惯却是各异的，这是造成翻译词汇形成差异的根本原因。一般来说，两岸绝大多数词汇的翻译都是相同或相近的，即便有些不一样，也是可以"望文生义"，理解个八九不离十的。真正形成差异，且在没有对照和提示的情况下容易造成理解上的困难的译词主要集中在人名、国名、地名等特有名词方面。总的来说，两岸词汇在翻译上的差异，主要有以下几点原因和具体表现：

其一，从文化背景来看，大陆因为经历了一次非常全面深刻的文字改革，废除了许多旧有的词汇和提法，文字也进一步"白话"；而台岛基本上是沿袭了新文化运动之后的语言风貌和词汇，没有经过太大的自身变革，所不同的是，其受到的"西化"倾向比较浓。两岸这种文化背景上的不同，表现在译词上，就是大陆的翻译比较"板正"，中规中矩；台湾的翻译则比较生活化，生动活泼。例如，"party"一词，大陆翻译成"聚会"，显得非常正式；台湾则翻译成"派对"，比较俏皮，更贴近"party"的本质。

文化背景上另一个值得注意的地方是，台湾受日语的影响比较深，日语译词很多，其中有不少还是音译或直接借用的。例如"便当"，其实来源于日语"弁当"，就是"盒饭"的意思。再如，"沙西米"（生鱼片）、"寿司"（紫菜米团）、"运将"（司机）、"榻榻米"（席居物）、"欧妈桑"（中老年女）、"欧吉桑"（中老年男）、"车掌"（售票员）等都是很地道的日语词汇。

其二，从翻译规律来看，在地名和人名翻译上，大陆的译词倾向于直译和音译，注重音节上的完整和逼真，而不追求神似。台湾则倾向于意译或音意结合，讲求神似，对音节的完整和逼真则不甚看重，甚至为了翻译的简洁而省略某些次要音节和一些辅音。例如"Sierra Leone"，大陆翻译成"塞拉里昂"，台湾译成"狮子山"，前者音译，后者意译；"Cannes"，大陆直译为"戛纳"，台湾则译作"坎市"，属于典型的音意结合翻译法。再看，"Botswana"，大陆翻译为"博茨瓦纳"，台湾译为"波扎那"；"Eisenhower"，大陆翻译成"艾森豪威尔",台湾译作"艾森豪",两相比较,不难看出,大陆译词在音节上完整逼真,台湾则简洁神似。

不过,在起居餐饮及日常生活用语上,又正好呈现出相反的现象,大陆的译词突出性质和功能,以意译居多;台湾的译词则突出音节,以音译居多。例如,"cheese",大陆翻译成"乳酪",台湾则翻译成"起司","buffet",大陆翻译成"自助餐",台湾则译为"蔔菲",特征非常明显。特别是在日语译词方面表现尤甚。这都是两岸在翻译上极有意思的差异现象。

在人名的翻译上,两岸也各有分别。一般来说大陆的译名讲究"中外有别","男女有别"。即在人名翻译上,尽量避免使用汉姓和汉化的名字,而在男女译名用字上,则尽量与中国人的男女名用字一致,体现出性别特色。与之相反的是,台湾的外国人名译名却刻意使用汉姓(如:席、戴、艾、麦、孟、傅、贾、包等,也有人把这称之为外国人的"小姓")和采用汉化姓名,男女人的译名用字也没有大陆那样具有明显的性别取向。例如,"Johansson",大陆译作"约翰逊",台湾译作"詹生",使用了"詹"姓。此外,前述台湾对人名译名常省略某些次要音节似乎也与追求译名的汉化有关系,所以台湾的外国人名译名一般很少超过三个字,与汉化要求一致。

因为翻译理念和指导原则的不一样,在外来词的翻译上,尤其是人名等专有名词的翻译上,两岸罕有一致的,譬如从笔者接触到的所有外国各行业的重要人名翻译中,两岸难得一致的只有切·格瓦拉(Che Guevara)一人。

第六节 社会生态环境的影响

语言是社会的产物，不同的社会生态环境，必然会孕育出不同的语言形态。在语音、词汇、语法等语言要素中，这种关系反映最明显的就是词汇。在不同的社会生态环境下，因为政治、经济、文化等方面的差异，导致反映这种差异性事物或现象的语言词汇也是各有其明显特征。

就两岸而言。因为所实行的社会制度不一样，政治、经济、文化生态的差异也极为显著，即便是对相同的社会现象，各自的关照视角也有其自身观念认知上的差异。因此，很多语言词汇也就深深地打上了这种社会生态环境影响的烙印。这主要表现在三个方面：

一是对单方特有事物和现象的认知和描述的差异。对单方特有事物或现象的认知和描述，大致经历了两个阶段。一是两岸"三通"之前，因为两岸关系的对立，彼此间的指称词汇也是对立的。例如，我们的"解放区"，台湾方面称为"匪区"；台湾方面的所谓"美国友邦"，我们称为"美帝"。还有的词汇，由一方产生，另一方直接使用，但因为立场和文化的差异，词的内涵和感情色彩却有了明显不同。例如"党国"一词，最早是由国民党在大陆创立，到台湾后继续沿用，代表的是一种积极正面的义项。例如我们经常可以看到国民党的高级将领宣誓效忠时，总是说"为了党国的利益"。但这个词在大陆却失去了正面意义，甚至带有负面色彩。在大陆的社会生态语境中，"党国"更多的是指当年的国民党当局借国家之名，行一党之利，有党天下的意味。随着两岸交往的日益加深，这种带有鲜明对立色彩的词汇都已逐渐退出了现时的语言系统。在新的交往过程中，对一方的特有事物或现象，基本上是以引用对方词汇为主。重新创立新词汇也有一定比例，不过词汇的感情色彩则基本上趋于善意或中性。例如，"台胞"、"台资"、"陆客"等。但是，因为文化认知上仍然存在的差异，也还是产生了一些新的差异性词汇，当然，已经没有了敌对意味。例如，近年来，伴随着两岸 ECFA 的签订，经贸往来日益密切，大陆方面则经常释出善意，"让利"台湾民众，但是，台湾民众在欢欣的同时，却并不完全认同"让利"一说，认为"让利"有"矮化"、"施与"的意味，所以他们更喜欢说是"惠及"或"互惠"。

二是对双方均有事物和现象的认知和描述的差异。一方面，台湾的词汇，基于所谓自身地位的强调，更多以"刘皇叔"的正统自居，有刻意回避"北京"的倾向。例如，"京剧"说成"国剧"、"北京时间"说成"中原标准时间"、"繁体字"说成"正体字"，"普通话"说成"国语"等。另一方面，大陆的词汇，基于新社会新气象的需要，建国后更倾向于另起炉灶，重新造词。例如，旧社会就有的词汇"劳工"、"民众"、"劳军"、"陈情"、"佣金"、"薪资"、"加菜金"、"邮差"、"同僚"等词汇，建国后都换成了"工人"、"人民"、

"慰问部队"、"上访"、"劳务费"、"工资"、"过节费"、"邮递员"、"同事"，反映出新中国人人平等的人际关系诉求。此外，因为社会生态环境的影响，导致语言对外交流的差异而引起的词汇差异，也是一个重要方面。例如，台湾地区因为与欧美国家的交流一直比较畅通，所以在语言的对外交流中，就很自然地将产自英语的"杯葛"（boycott）一词舶来，但大陆因为建国后的一边倒外交政策，与欧美世界的交流一度中断，虽然一度在"杯葛"西方世界，但对发源于西方世界的"杯葛"一词却知之甚少，而是一直使用"抵制"。这种语言的对外交流引起的词汇差异，本书已在"语言接触引起的差异"和"翻译引起的差异"章节中有较为详细的论述，这里不再赘述。

三是对古代或现代事物和现象的认知和描述差异。相对于大陆"新社会"的推陈出新，台湾更多的强调坚守和继承，一个显著的标志就是"教师节"，两岸都有这个节日，名字也一模一样，但内涵却大相径庭。台湾的教师节是 9 月 28 日，即孔子的诞辰日。定这一天为教师节，体现了对传统文化的虔诚和对古代尊师重道传统的承继。大陆的教师节则既没有沿用世界教师节的 10 月 5 日这一通行日期，也没有以孔子诞辰日为教师节，而是选择了一个没有特定文化内涵的 9 月 10 日作为教师节，其凸显出的还是一个"新"字。9 月 10 日，新学年开学伊始，设此为教师节，也寄托了新学年新气象新希望的美好愿景。对传统的认知差异，也自然地反映在了语言词汇上。建国后，除文革那样的非正常时期外，大陆对传统基本上采取的是吸取精华，弃其糟泊的"批判继承"态度，而台湾则少有批判，诸子百家都是"圣贤"，即便街头摆摊算命的，也常称为"易学大师"，这与大陆研究易学造诣很高的人才称"易学大师"可谓大异其趣。台湾学生可以以"元气不足"为请假理由，如在大陆，就要成为笑谈了。在对现代事物和现象的描述上，两岸也有一些明显的差异。例如，大陆常说的"计算机"、"云计算"在台湾则分别叫作"电脑"、"云端计算"，"转基因食品"在台湾则叫"基因改造食品"，"发达国家"、"不发达国家"在台湾分别叫作"已开发国家"、"未开发国家"，"残疾人"、"弱智"在台湾称作"残障人士"、"智障"。相对来说，在对现代事物和现象的认知和描述上，台湾的词汇更具有人文关怀和学术严谨性，这是值得我们学习和借鉴的地方。

第四章

两岸汉语词汇的
构词思维与派生模式

　　词的产生，表面上看是社会生活或内心活动发展的需要，是"实"对"名"的呼唤，或者是"名"对"实"的界定或预期。社会生活或内心活动中出现了一个新事物、新现象或新体验，就需要有对应的"名"与之相配，或者人们对社会生活或内心活动中产生的新事物、新现象或新体验需要有一个区分、界定或期许，也需要"名"来匹配，这样，作为"名"的词汇就产生了。这就好比是在事物面前放一面镜子，镜子外面是"实"，镜子里面是"名"，"名"与"实"一一相对，一一相符。但是，如果同时放置多面不同的镜子，镜子的大小长短不一，镜子放置的位置角度不一，镜子的材料及反射率不一，甚至镜子的凹凸形状不一，那么，从各个镜子中反映出来的事物，彼此之间，以及与事物之间，肯定会有差别，甚至大相径庭。这时候，"镜外物"与"镜中物"之间，就很难说一一相对，一一相符了。这是为什么呢？毫无疑问，是镜子的原因。

同样的道理，语言词汇的产生也是如此：社会生活或内心活动中出现同一个新事物、新现象或新体验，不同的人，可能会给出不同的反映；当对社会生活或内心活动中产生的新事物、新现象或新体验需要有一个区分、界定或期许时，不同的人也会给出不同的答案。因为语言是集体用来进行信息和思想交流的工具，有区域共同性。如果我们把刚才说的人扩大到使用该语言或该语言内不同语言社区的整个群体——事实上，该语言或该社区语言也是整个群体集体意识的共同反映——那么，这个群体的集体意识，就好比刚才所说的镜子。所以说，"名"表面上是对"实"的忠实反映，其背后还有一个更深层次的反映，那就是对该"名"所属语言或社区语言的集体思维意识与思维模式的深刻反映。因此，一方面，通过对"名"的考察比较，我们也可反观不同语言及同一语言内不同语言社区之间集体思维意识与思维模式的差别；另一方面，通过对不同语言及同一语言内不同语言社区集体思维意识与思维模式的考察，也可以找出彼此对关于"实"的反映——"名"的差异。

大陆和台湾同是中华民族，同属一个中国，其思维意识与思维模式的基石是相同的，具体到汉语来说，特别是有了文字以后，几千年来在作为母语共同使用的过程中，汉民族的思维特征和思维习惯已经深深地烙印在两岸同胞的思维意识深处，在语言的使用和发展过程中，两岸对语言词汇的把握和认知基本上是一致的。但是，近代以来，两岸历史经历的差别和曾经的交流阻隔，以及期间两岸语言接触的差异，也让两岸语言词汇产生了一些规律性的差异。对整个语言来说，其差异是不大的。但就好比一片海水一样，占主体的底层海水基本上保持平静，而总量不大的表层海水却总是波浪起伏。语言也是如此，几千年来形成的，作为标志该语言特质的主体词汇，总体是稳定的，但在语言使用过程中产生的差异性词汇，却总是在共时性平面上活跃呈现，这也是我们常说的两岸语言具有"共同底层"和"各自表层"。这就需要我们去对这些"各自表层"的差异性词汇以及词汇背后的构词思维与派生模式进行梳理和研究，以更好地方便两岸间的人员交往和语言交流。

第一节　构词思维与词汇差异

　　汉语在古代，尤其是上古时期，基本上以单音节词为主，譬如"妻子"，今天是一个词，指男子的配偶，但在那时候就是两个词："妻"＋"子（女）"，一字一词，那个时候的构词法其实就是"构字法"，所以不存在现代语法意义上的所谓构词法。到了中古时期，由于社会生活或内心活动的不断拓展，新事物、新现象、新体验造就了更多的新词汇，这时候随着新词汇的不断添加，单音词就遇到了同音词太多的困扰。要解决同音字过多的问题，在当时，方法之一是采用四声标注，在声的基础上加上了调，使原来单一的一个音调，变成了平、上、去、入四个声调，四声标注等于是帮助汉语词汇进行了一次扩容，这样确实可以把一些同音词区分开来。不过，在音节有限的情况下，四声标注，对单音词而言，从理论上讲，最多只能扩容400%（那时候基本上还没有轻声），仍然无法从根本上解决同音词问题。在这种情况下，复音词开始有较多量的出现，成为解决汉语词汇同音现象严重的又一个，而且是比较理想的一个重要途径。因为根据数理上的排列组合规律，已有的那么多单音节词，即便是两两组合成双音节词，也可以产生出近乎无限多的词汇，何况还可以组合成三音节、四音节等更多音节的词。这时候，严格意义上的构词法问题也就浮出了水面。那么，这些复音词又是如何产生的呢？

前面我们说过，词汇产生的背后，是集体思维意识与思维模式的深刻反映。要回答古代复音词的产生问题，可以先考虑下中国人的思维意识与思维模式，并借此去探索古代复音词的产生。

首先，在中国人的思维中，习惯对事物的总体把握和关照，比较注重事物的总体形象性描述。反映在构词上就是注重意会，注重概括，注重形象。其实，这种思维习惯在单音词的部件构造上就得到了体现。例如，"木"在甲骨文中写作"X"，就是一棵树的总体形象；"林"在甲骨文中写作"XX"，俗话说，独木不成林，两棵树在一起就代表林的意思；"森"在甲骨文中写作"X"，是三棵树在一起，《说文》中的解释是"木多貌"，就是表示林木众多的意思。从"木"到"林"再到"森"，还体现了中国古代哲学中"道生一，一生二，二生三，三生万物"的总体哲学思想。再如"孟"字在甲骨文中写作"X"，上面是一个孩子，下面是一个器皿，《说文》中的解释是"长也"。孩子放在器皿里，跟"长"（zhǎng）有什么关系呢？原来，从父系氏族社会开始，相当长一段时期内，一些部落为了保证子嗣后代血统的纯洁性，都有杀长子的习俗（以此排除女子婚前怀孕的可能性），所以"孟"的本意就是指第一个孩子，也就是长子，生下来后放在器皿里，端出去给扔掉。因此，"孟"字就通过扔长子这个行为，形象地表示了"长"（zhǎng）这个相对比较抽象的意思。

在复音词的构词思维上，这种整体把握和观照意识，在词汇的意会性、概括性和形象性得到了更直观的体现。例如，"天下"一词，就将"普天之下莫非王土"的丰富内涵，极其简洁地意会出来。以天之大，那么其下所覆盖的一切都尽数囊括，则"天下"指广袤自然不言而喻，意会性、概括性、形象性都有了。

复音词的上述特性的又一表现，就是感官体验性词汇特别丰富，包括视觉体验性、听觉体验性、味觉体验性、触觉体验性和嗅觉体验性词汇，其在汉语词汇中占有相当大的比例，尤以视觉体验性词汇最为丰富。因为这些词汇能让人通过感官直接去把握，去体验，不用严密界定，就可以概括地、形象地意会给听众。譬如说，形容一个东西黑，那么，到底有多黑呢？黑到什么程度呢？那个时代还没有成分分析这么先进的技术，这个确实很难给出一个准确的界定。但是，倘能加上一个通过感官就可以体验到的语素，其黑的程度立马就会形象生动起来了。譬如"乌黑"、"漆黑"，人们一看到这两个词，就会想到"乌鸦"和"漆"，通过两个具象去把握"黑"这个抽象。类似的词还有很多，诸如：血红、粉红、花白、雪白、瓦蓝、靛蓝、墨绿、草绿、鹅黄、金黄，这是给人颜色上的视觉体验；滚圆、溜光、猴急、猫轻、剑眉、笔直、三角眼、鸭蛋脸、鹅卵石、斗折蛇行、鸡飞狗跳，这是给人形象上的视觉体验。再看其他感官体验性词汇：狼嚎、莺啼、蝉鸣、雀噪，这是听觉体验；甘甜、甜蜜、油腻，这是味觉体验；水滑、冰冷、火热、铁硬，这是触觉体验；腥臭、狐臭、乳臭、奶香，这是嗅觉体验。

其次，古代道家的思辨哲学对构词思维有直接影响。道家讲究有无、阴阳的相生相克，充满了矛盾对立统一的朴素辩证思维。中国人在外在社会一直尊崇儒家法则，但在内心深处，却浸润着道家思想，并影响着生活的每一个角落。体现现构词法上，就是大量复音词汇都是由相反或相对词素组合而成，并且通过对立统一，变成一个有机的总体。我们可以先看一段文字：

> 晋太元中，武陵人，捕鱼为业，缘溪行，忘路之远近，忽逢桃花林。夹岸数百步，中无杂树，芳草鲜美，落英缤纷。渔人甚异之。复前行，欲穷其林。林尽水源，便得一山。山有小口，彷佛若有光。便舍船，从口入。初极狭，才通人；复行数十步，豁然开朗。土地平旷，屋舍俨然。有良田美池桑竹之属，阡陌交通，鸡犬相闻。其中往来种作，男女衣着，悉如外人；黄发垂髫，并怡然自乐。见渔人，乃大惊，问所从来，具答之。便要还家，设酒杀鸡作食。村中闻有此人，咸来问讯。自云先世避秦时乱，率妻子邑人来此绝境，不复出焉；遂与外人间隔。问今是何世，乃不知有汉，无论魏晋。此人一一为具言所闻，皆叹惋。余人各复延至其家，皆出酒食。停数日，辞去。此中人语云："不足为外人道也。"

> ——晋·陶渊明《桃花源记》

在这段不长的文字中，就出现了"远近"、"阡陌"、"鸡犬"、"往来"、"男女"、"妻子"等六个由相反或相对词素构词的词汇。由此可见我国古代道家思辨思维在汉语构词中的深远影响。类似的词汇还很多，例如：是非、对错、褒贬、利害、扬抑、善恶、方圆、曲直、内外、表里、阴阳、乾坤、上下、左右、远近、亲疏、夫妻、子女、男女、雌雄、老幼、尊卑、大小、高低、开关、动静、山川、海陆、草木、人物、经络、骨肉、经纬、家国、东西、黑白、早晚、先后、生死、春秋、往来、唱和、文武、矛盾、软硬、恩威、真假、虚实、恩怨、契阔等不一而足。这些词汇，经过多年的发展演进，有的仍然通过对立统一，共同表达一个完整的意思，例如前面提到的《桃花源记》中的"阡陌"、"男女"等；有的则通过对立意向的此消彼长，慢慢变成了其中某一个词素的意向，另一个词素则化石化了，成了陪衬，不再具有实际意义，例如《桃花源记》中的"远近"，就主要是指"远"，"近"的意思则消失了，只起到构词的作用，相当于一块化石，这在语言学上叫化石语素。

其三，中国传统思维中，讲究对称美，例如建筑中的中轴线及沿中轴线两边的对称布局，官员设置上的左右丞相、军队设置上的左右军等。在汉语词汇发展到复音词阶段后，这种对称性也得到了充分展现，很多双音节词都是由两个意思相近的词素构成，如果把这样的双音节词汇拆开，两个词素的本意都是相同或相近的。我们不妨也看一段例子：

> 文公躬擐甲胄，跋履山川，逾越险阻，征东之诸侯——虞夏商周之胤，而朝诸秦，则亦既报旧德矣。郑人怒君之疆场，我文公帅诸侯及秦围郑，秦大夫不询于我寡君，擅及郑盟，诸侯疾之，将致命于秦，文公恐惧，绥靖诸侯，秦师克还无害，

则是我有大造于西也。

——《左传·成公十三年》

在这一段文字中，就出现了"甲胄"、"跋履"、"逾越"、"险阻"、"恐惧"等五个有近义词素组合成的复音词。再如前面提到的《桃花源记》中也有诸如"鲜美"、"平旷"、"屋舍"、"交通"等由近义词素构成的复音词。跟前面由反义词素构成的复音词一样，这些由近义词素构成的词汇，在使用的过程中，也普遍存在一个词素的意义化石化，只起到构词作用，而主要由另一个词素来表达整个词汇的意思。

当然，在一个词中，化石化词素并不是固定的，它们在不同的场合，可以角色互换。这种由相反、相对或相近词素构成的复音词，在具体语境中一个语素化石化，另一个语素表达整个词汇的意思的现象，在语法上叫偏义复词。这种极具对称性的由近义词素构成的复音词在古汉语中也特别多，例如：疾病、贫苦、辛劳、艰辛、困难、险阻、甘甜、馨香、讥讽、评议、研究、探讨、钻研、揣度、平凡、寻常、优惠、赞赏、会晤、悔恨、懊恼、气愤、打击、询问、解答、咨询、贡献、捐助、暴虐、严苛、泛滥、铺张、聚合、离散、计较、煎熬、颠覆、眷顾、坚固、虚弱、颜色、病症、疯狂、暴躁、光亮、黑暗、应答、期望、声张、平息、争斗、攀比、恶劣、优秀等不一而足。

与前面提到的由相反或相对词素组合而成的复音词不同，这类由两个同义或近义词素构词的复音词汇，无论是否偏义，因为意义比较接近，所以在两岸语言治权独立后，当需要截取选用这类词汇中的词素重新复合组成新词时，就会产生差异词汇。例如"疯狂"这个词由"疯"和"狂"两个词素组成，在古代这两个词素都是指头脑不正常。区别在于："疯"一般是统指头部发病，《集韵》中的解释是"疯，头病"；"狂"在《说文》中解释为"狾犬也"，即狗发疯。再如"病症"这个词由"病"和"症"两个词素组成，在古代这两个词素都是指身体不适。区别在于："病"在《说文》中解释为"疾加也"，就是指比较严重的病情；"症"在《玉篇》中解释为"腹结病也"，具体是指腹部的病状，总的意思差不多。因此在现代，两岸对这组词素的切分选用就出现了差异。譬如对英语词汇"bovine spongiform encephalopathy"的翻译，大陆译作"疯牛病"，台湾译作"狂牛症"，大陆在"疯狂"中截取了"疯"这个词素，台湾则截取了"狂"这个词素；大陆在"病症"中截取了"病"这个词素，台湾则截取了"症"这个词素。两岸对上述两组词中的词素选取均不一致。类似这种现象造成的两岸差别词汇还有很多，我们看看下表中的比较，就会一目了然。

大陆词汇	台湾词汇	差异词素来源
形势	情势	情形
文件旅游	公文旅行	游行
慰问部队	劳军	慰劳
快餐	速食	快速
期房	预售房	预期
化妆师	美容师	美化、妆容

（续表）

大陆词汇	台湾词汇	差异词素来源
献血	捐血	捐献
控制面板	控制台	台面
分辨率	解析度	分解、辨析

在上表中，两岸很多词的差异仅是一字之差，而这差异的词素，恰恰就是古汉语中业已存在的近义词素组合的复音词，譬如"形势"和"情势"、"献血"和"捐血"等中的"情形"、"捐献"等；有的虽然差别较大，但两词中的关键意思，仍然是由近义词素来承担的。譬如"美容师"和"化妆师"、"分辨率"和"解析度"等。这种因对近义词素的不同选用而产生差异性词汇也是两岸汉语词汇，特别是复合词产生差异的一个内在根源。对于这一内在根源，我们不仅应该去探讨两岸在语素的切分选用上产生差异的思维动机，更应该将其作为我们研究两岸汉语词汇差异需要重视的一个切入点，即从古汉语的构词特点去分析探讨两岸现代汉语词汇，特别是复合词产生差异的发轫之处和根本原因。

其四，中国人向来讲究"师出有名"、"言出有典"，凡事都需要有来龙去脉方显正统。康有为等发起戊戌变法，都要先在舆论上推出《孔子改制考》，以彰显改制是有传统的。在汉语构词上也是如此，即便有了产生新词的需要，也不能凭空生造出一个词来。那怎么办呢？毫无疑问，要"言出有典"，从前人说过的话里寻找对应的词组、短语或句式，然后在使用的过程中慢慢演变成所需要的词汇。用今天的理论来讲，这就近似"词汇化"的过程。关于词汇化，文字学者王宁认为"是语言中词的语法功能弱化到消失，退出造句法，而依附其他成分进入构词领域使意义犹存的过程"，是实词产生的途径之一。在古人将词组、短语或句式演变成词的过程中，其主要变化就是将词组、短语或句式的意义固化起来，并产生黏着性，从而可以更自由地与其他词汇搭配组合，参与句子成分的组成，于是，一个新词就孕育出来了。当然，这类新词的诞生，也不是一下完成的，而是一个逐渐演变的过程，在其演变的过程中，有两个变化。一是新词间的词素黏着性不断增强，由最初的词素间可以随意拆解和添加新的成分到有选择性地拆解和添加新的成分，再到后来只能允许几个固定成分可以添加进来，甚至完全黏着，无法拆解和不能再添加任何新的成分；二是该词的搭配能力不断增强，从在特定场合与特定词汇搭配，慢慢演变成在符合语法和语用规范的所有场合下与一般普通词汇的自由搭配。例如，我们前面提到的"妻子"就是这样。"妻子"在古代是"妻"与"子"（子女）的组合，是一个词组，而不是一个词。但是，在语言发展的词汇化过程中，它们慢慢黏着，最后就变成了"妻子"一个词了。

第二节　派生模式与词汇差异

在讨论派生模式之前，我们先厘清关于派生词的界定。派生词古已有之，但作为一个词法概念，却是现代的产物。所谓派生词，根据字面的解释，就是由别的词派生而形成的新词。但在具体的界定上，一开始却非常笼统。王力先生将词分成派生词和非派生词两类，根据他在《汉语讲话》中的定义，所谓派生词是由别的词形成的词，好像是别的词生出来的支派，所谓非派生词，它们不是由别的词形成的，而是独立地被创造出来的，如"天"是非派生词，"天下"就是派生词。根据王力先生的定义，几乎绝大多数复音词都是派生词。周祖谟先生基本上也是持这种观点，他认为，除单音词和连绵词外，汉语词汇都是派生词。后来，胡裕树等人则将派生词从复合词中分离出来，认为派生词是单词、复合词之外的一类汉语词。该提法已经是现代意义的派生词划分标准了。现在一般认为，派生词是合成词的一种，是通过词根与词缀组合形成的合成词。

关于词汇派生，我们可以分三个时间阶段来讨论。一是古汉语单音词发展阶段，二是古汉语复音词发展阶段，三是现当代汉语词汇产生阶段。

在古汉语的单音词发展阶段。这个时候,一个字就是一个词,其主体词汇基本上都是一个一个"生造"出来的。古人就是用这种办法积累起来了汉语的最原始词汇,这些词汇也是我们现代整个汉语词汇的核心。研究认为,这种"生造"也不完全是"凭空捏造",而是更多地来源于"模仿"。例如模仿动物鸣叫的声音造出了"鸡"、"鸭"、"鹅"、"猫"、"羊"等词汇,模仿自然界中各种风雨之声造出了"呼"、"呜"、"哗"、"滴"、"嗒"等词汇,模仿万物形象轮廓造出的"日"、"月"、"山"、"水"、"火"、"木"、"仓"等词汇。但是这种一个一个地"造词",效率实在有限,而且很多词汇也没办法这样"生造",于是,到了词汇原始积累的后期,人们就想出了另一种方法:即借用一个已有的字或已有字的某个部分作为主体,添加一些区别音义的符合,组成一个新字,表达一个新的意思。这样,一个新词也就诞生了。例如,在"莫"字的基础上,通过添加不同符号造出"暮"、"幕"、"墓"、"慕"、"募"、"摹"、"蓦"、"寞"、"模"、"幙"、"慔"、"摸"、"膜"、"馍"、"漠"、"谟"、"媒"、"貘"字等;在"苗"字的基础上,通过添加不同符号造出"猫"、"喵"、"瞄"、"锚""描"、"媌"、"淄"、"鹋"字等。随着这种造词方法的不断成熟,不仅用来作为新词主体结构的原始词或者原始词的重要构建越来越丰富,作为区别音义作用的符号也越来越丰富,更为重要的是,这些作为区别音义作用的符号开始系统化,某一个符号固定表示某一类型的词汇群。例如,"钅"(金)这个区别符号固定表示金属类的词,如"铜"、

"锡"、"铁"、"钢"、"银"等；"月"（肉）这个区别符号固定表示与身体部位相关的词汇，如"肝"、"脏"、"肺"、"膝"、"腰"、"脑"、"脸"、"肾"、"肥"等。在单音词发展阶段，这种作为产生新词主体结构的原始词或者原始词的重要构建，就相当于是"词根"，而作为区别音义作用的符号就相当于"词缀"。所以，我们可以说，这是汉语单音词发展阶段一种特有的词汇派生模式，也可以称作类派生词阶段。它尚不具备现代语法意义上的词汇派生标准，但却实实在在地承担起了派生出词汇的功能。汉字早期构造的这一特点应该引起我们足够的重视，甚至可以用穷举法加以系统的归纳研究。

在古汉语的复音词发展阶段。上述第一阶段的词汇派生模式完全消失或转为单纯的造字模式了。这个时候的词汇主要以复合词为主，派生词虽也有存在，但总量很小，尤其是词缀很少。汉语词汇的派生功能不是很发达。不过，汉语的派生词汇也正是在这一时期开始有系统地慢慢成长起来的。这一时期，由于译经和变文的大量产生，之前零星出现的现代意义上的派生词开始不断出现，特别是产生了一些比较固定的词缀。例如，当时佛教译经和变文中经常看到诸如"无有代者。而色其身。放逸自可。""见若不见，闻若不闻。澹然自守。"（西晋·月氏国三藏竺法护译《佛说普门品经》）中的"自"字前缀和"世尊为我等多所饶益。所以者何。""若有比丘少所知识。彼一切尽学一坐食。"（东晋·瞿昙僧伽提婆译《中阿含经》）中的"所"字后缀等。这一时期，"阿"字作为词缀也已比较成熟，例如"道逢乡里人，家中有阿谁"、"阿爷无大儿，木兰无长兄"、"阿母得闻之，槌床便大怒"中的"阿"字前缀。此外，这一时期出现的词缀还有"子"、"儿"、"第"、"初"、"有"、"然"、"见"、"相"等。但总体而言，一是这一时期的派生词结构模式还比较单一，基本上只有前缀和后缀，即"词缀＋词根"和"词根＋词缀"两种形态，还没有出现中缀。而且基本上都是一个词根带一个词缀，罕有双词缀或者多词缀产生。再者，这一时期的词缀虽然较之以前有了很大的发展，但放在漫长的古汉语复音词发展阶段去考察，其产生和发展仍然是十分缓慢的，严格意义上的词缀，粗略估计，也只有十几个。二是这一时期的派生词以出现在口语和《世说新语》、《敦煌变文》等俗文学中为主，正统文学中较少出现和较晚出现。派生词在整个词汇体系中的地位还未得到充分认可。这是因为，汉语的文白之分于此已经发轫，平常百姓的口头俗语本身就为上流文化阶层所轻视，所以，由这些底层民众中开始产生的派生词汇，乃至整个复音词自然不可以进入书面语言的词汇系统。而译经和变文，一则因为自身译介的技术需要，二则为了迎合底层民众的阅听习惯，便于自己的宣传推广，开始较多量的选用包括派生词汇在内的复合词。从这里我们也可以看出，民众不仅是历史的创造者，也是语言文字的创造者。

另外提及一句，正是由于上述原因，这一时期流传下来的译经和变文，成了我们研究古汉语复音词发展阶段派生词汇乃至复合词发展状况的极为重要的原始资料，它们真实地反映和记录了当时派生词汇乃至复合词的成长演进史，而囿于当时上流文化阶层的傲慢与偏见，这些状况在正统文学典籍中都是难得看见的。所以，通过对中古时期佛教译经和变文的考察来研究汉语复音词的发展轨迹及派生词的产生发展历史，应该成为我们词汇研究的一个重要课题和方向。

在现当代汉语词汇产生和发展阶段，由于复音词的一统天下、白话文代替文言文、语言接触的频繁和西方词法学的大力引入和借用等原因，派生词有了长足的发展。这主要表现在三个方面。

首先，派生词的模式类型有了很大的突破，一是出现了中缀现象，即前后是词根，中间是词缀或类词缀。例如，"读不起"、"买不起"、"对得起"、"来得及"、"看一看"、"走一走"、"滚儿滚"、"摸儿摸"、"土里土气"、"古里古怪"中的"不"、"得"、"一"、"儿"、"里"都是中缀。中缀的出现，一方面固然是词缀发展的结果，但另一方面，也是汉语词汇形态不断丰富的结果，特别是多音节词汇增多的结果。二是在单词缀，即"词缀＋词根"和"词根＋词缀"之外，又新增了双词缀或多词缀模式，即"词缀＋词根＋词缀"、"词缀＋词根＋词缀＋词缀"、"词根＋词缀＋词缀"和"词根＋词缀＋词缀＋词缀"等多种类型。例如"第三者"、"小孩儿"、"半自动化"、"伪社会主义"、"泛机会主义者"、"老妈子"、"孩子家"、"瓜子型"、"石头子儿"等。

其次，词缀量有了较人的突破。按照业界的统计，现代汉语典型词缀应该有 30 个左右。例如，比较权威的《现代汉语词典（第5 版）》就收录了 27 个典型词缀。其中，前缀 6 个："阿"、"第"、"非"、"老"、"有"、"准"。后缀 21 个："巴巴"、"边"、"儿"、"而"

"乎"、"化"、"家"（jiā）、"个"、"么"、"们"、"面"、"其"、"然"、"如"、"生"、"生"、"头"、"为"、"性"、"于"、"子"。同样具有较高权威性的《汉语水平语法等级大纲》则在其"丙级"和"丁级"大纲中共收有36个典型词缀。其中，前缀9个："第"、"老"、"小"、"阿"、"初"、"反"、"非"、"无"、"准"。后缀27个："们"、"儿"、"头"、"子"、"家"（jiā）、"化"、"性"、"学"、"员"、"度"、"件"、"式"、"物"、"长"、"者"、"然"、"感"、"界"、"具"、"力"、"率"、"迷"、"品"、"热"、"手"、"星"、"型"。两者共收典型词缀51个（不含重复）。譬如不仅典型，而且比较能产，自今仍然按保持旺盛生命力的前缀"老"，就是这一时期形成的。再譬如"化"、"性"、"家"等后缀也是在这一时期发展成熟，不仅可以带具象名词，而且可以带上比较抽象的名词了。

再次，类词缀的大量涌现。所有的词缀都是从能够单用的词根语素或者不定位语素演变而来的。词根向词缀的演变不是一下完成的，而是一个渐进式的过程。在这个过程中，词根的词汇意义不断虚化，最后，当其在一个词汇中，其本身的意义已经完全虚化了之后，就蜕变成词缀语素了。但问题是，汉语中，特别是现代汉语中，很多词素虽然意义已经大为虚化，其词素的虚的意义已经大于实的意义，并且还在不断虚化，但其还具有一定的实在意义，并未完全虚化，其和词根还多少保持有一些联系。吕叔湘先生把这类词素称为"类词缀"，这一概念一经提出，就得到了业界的普遍关注。这也从一个侧面说明了现代汉语派生词中类词缀的发达状况。

现代汉语中，类词缀的蓬勃发展，其原因是多方面的，但最主要的原因有六个方面。一是在词汇的意义演进过程中，实词虚化现象的必然结果为类词缀的产生提供了语素来源。二是词缀与词根组合成的派生词，其主体结构上的意义基本上沿袭词根的语素意义，添加上词缀之后，新词的意义一目了然或者很容易推断出来，这样，派生词词义的易晓性，让新词在受众的接受方面较其他构词法更具优势，加之典型词缀的数量与生产能力的有限性，客观上需要大量类词缀的出现。三是类词缀自身来源的广泛性和能产性，为其蓬勃发展提供了旺盛的生命力。四是汉字多音节词汇的不断发育让类词缀的繁荣具备了音节韵律上的理论基础和语音条件。虽然类词缀也有很多诸如"泛爱"、"泛美"、"血性"、"柔性"等双音节词汇，但更多的还是诸如"准女婿"、"反作用"、"飙车族"、"半自动化"等三音节或多音节词汇。五是现代生活节奏的加快和新事物、新现象、新体验的层出不穷，对新词的产生速度提出了更高的要求。这样，通过添加类词缀的方式造词，显示出独特的优越性。譬如，现代社会中，很多人的身体是介于健康和不健康之间，这就需要有一个词来与之对应，于是，"亚健康"一词很快就应运而生了。六是通过语言接触吸收创造了大量外来词缀。现代汉语中的外来词缀主要源自英语，台湾方面也从日本吸收了一些日语词缀。例如，泛（fan-）、非（un-，non-，ir-，de-）、准（quasi-）、半（semi-）、超（extra-，super-，supra-，sur-）、迷你（mini-）、亚（sub-）等都是通过与英语等的语言接触而产生的。

　　基于上述诸多有利条件，在现代语言词汇的演进中，两岸派生词都获得了长足的发展。而在各种蓬勃发展的同时，其差异性也不断凸显出来了。

　　两岸在派生词上的差异，可以从以下几个方面来考察：

　　一是典型词缀在两岸的发展中其能产性和变异性呈现出不均衡、不对称现象。经过半个多世纪的分化，典型词缀在两岸的语言环境中虽然均有发展，但在分布上却此消彼长，呈现出很大不均衡性。例如前缀"老"，是一个产生相对较晚的典型词缀，其在两岸均还有较强的生命力，但在大陆，其能产性要明显强于台湾，这不仅表现在大陆"老～"族词汇更为丰富，还表现在大陆的"老～"族词汇新词的表现范围较以往有了很大突破。传统的"老～"族词汇多是加在单音节动物名词之前构成双音节词汇，主要起到凑足音节的作用，例如"老鼠"、"老虎"、"老鹰"等。在大陆的现代汉语中，前缀"老"的使用范围得到了进一步扩大。一是加在姓氏或排行前，如"老张"、"老李"、"老二"、"老小"；二是加在表示职业的名词性语素前，如"老师"、"老编"、"老记"、"老鸨"，而且，其中的词根都是经过了简化，原来分别是"教师"、"编辑"、"记者"、"鸨母"，这应该是现代汉语派生词中一个比较特别的现象，就是为了照顾音节的需要，派生词对词根进行了相应的缩略；三是加在用以指称人的名词前，表示具体的个人或某一类人，如"老爸"、"老妈"、"老哥"、"老姐"、"老弟"、"老妹"、"老婆"、"老板"、"老乡"、"老百姓"；四是加在一些特定器官名词前构成一种特殊的形容词，如"老卵"、"老屌"等；五是与别的词缀一起构成复合词缀，例如"老妈子"、"老十子"等。再如后缀"面"，虽然在大陆也有使用，例如，"下面"、"上面"、"外面"、"里面"等，但远不如台湾能产。除了这些常见用以指示方位、处所的"～面"族词汇外，台湾还有诸如"基本面"、"制度面"、"心理面"这种表示范围、层面的新表达，这在大陆一般用"～上"表达，如"基本上"、"制度上"、"心理上"等。值得一提的是，这种新表达方式近年也为大陆所吸收，特别是经济金融领域使用比较广泛。类似这种典型词汇在两岸的不平衡发展，不对称分布的例子还很多，诸如"子"在大陆的能产性的不断下降，构词能力不及台湾等，这里不再一一列举。需要指出的是，为什么会出现这种不平衡发展，不对称分布现象，其背后有什么样的规律，这些都应该成为我们需要注意和研究的地方。

二是两岸自生性新兴类词缀的差异。我们根据新兴类词缀的来源，可以将其分为自生性新兴类词缀和外源性新兴类词缀。前者是指在该语言内部自己演变产生出来的，后者则是从其他语言中直接吸收借用过来的。除了典型词缀在两岸的不平衡发展，不对称分布外，新兴的类词缀的产生和发展差异更为明显。自生性类词缀以后缀为多，前缀比较少。这与外源性类词缀正好相反，外源性类词缀前缀居多，后缀相对较少。这并不是因为所借用语言的后缀少，而是因为，汉语借用词汇主要来源于英语等屈折语，但在屈折语中，后缀很多时候都涉及到词性变化，而汉语是孤立语，较少词性变化，因此，很多英语后缀不适合借用到汉语中，所以从结果上看，就是汉语的外源性类词缀中，前缀多后缀少。

两岸自生性类词缀在具有后缀多前缀少的共性基础上，也呈现出明显的个性。根据统计分析，大陆的自生性类后缀以职业或人称属性的实词虚化出来为主，多来源于名词，如："者"、"工"、"民"、"师"、"徒"、"匠"、"家"、"坛"、"界"等。台湾的自生性类后缀以表示某种倾向性的动词性实词虚化为主，如："控"、"迷"、"热"等。

三是两岸外源性新兴类词缀的差异。无论是大陆还是台湾，很多类词缀都是在语言接触过程中从别的语言中借用过来的，这类类词缀我们称之为外源性类词缀。大陆的外源性类词缀主要来源于英语，台湾的外源性类词缀则主要有两个来源，一是英语，一是日语。大陆也有一些从日语中吸收过来的类词缀，但与台湾不同。台湾是直接吸收了日语类词缀，如："性"、"大"、"未"、"非"、"化"、"味"等，大陆则是吸收了日语从英语等屈折语中借用的类词缀。也就是说，大陆最终还是吸收的英语的语言的类词缀，日语在其中只是起到一个"二传手"的作用。当然，近年来，一些日语类词缀，包括接头辞和接尾辞，也时常出现在大陆的书面语系统中，这主要是从台湾引进过来的，直接源自日语的仍然较少。

四是在派生词音节上，现代汉语派生词多是"1＋2"或者"2＋1"式，即一个音节的词缀加两个音节的词根。传统上的"1＋1"式，即一个词缀与一个词根组合成的双音节派生词在现代汉语中越来越少。这一特征在台湾方面则没有大陆明显。也就是说，台湾现代汉语派生词中，更多的还是沿用传统上先缩略词根，再添加词缀的方式组成双音节派生词的做法，而大陆则直接在双音节词根基础上添加词缀。譬如一个典型的例子就是对老龄人口增加的趋势，大陆称为人口的"老龄化"，是在"老龄"这一双音节词之后直接加上"化"，构成"2+1"结构的多音节派生词，台湾则叫人口的"老化"，是先将"老龄"这一双音节词简化，然后在跟词缀组合成新的双音节派生词"老化"，类似的词汇还有"沙化"、"钙化"等。

五是大陆的派生词有词根缀化的倾向。就是本是纯粹词根的成分，随着大量新词的不断涌现和聚合，其词根部分位置逐渐固定，意义逐渐抽象化、虚化，但仍然是有实质意义的，产生出类似于词缀的形式特征。如近年不断涌现的"房叔"、"表叔"中的"叔"等。这一现象一方面增强了同根词汇的聚合效应，但同时也对派生词的发展产生了潜在冲击。派生词词根词缀化，从理论上有两个结果，一是词根的最终词缀化，产生新的词缀。我们知道，汉语自生性词缀的发展过程，就是一个实词不断虚化的过程，其词汇本身的表义性逐渐剥落，最终虚化为词缀。这是一个非常漫长的过程，而且有较大的不确定性。因此，这种可能性极小。二是对现有的类词缀产生稀释和复杂化，使类词缀的内涵和外延都变得更加不确定和模糊，其结果将是削弱了派生词的发展趋势，导致类词缀的部分回归，对汉语派生词的发展产生负面冲击。所以我们有必要对词根、词缀、类词缀的内涵和外延有更深入的研究和更细致的界定，规范派生词词缀的发展轨迹，从而为派生词的健康发展提供理论规范。

不可否认，现代汉语中，派生词的发展规模和速度在所有词汇中都是比较快的，特别是类词缀更是得到了长足的发展。但是，与英语等屈折语不同，屈折语拥有丰富的形态变化，因此，其不仅词缀发达，而且其可以通过加缀法派生出大量新词。据统计，通过加缀法构成的派生词占了整个二战后产生的英语新词的三分之一强。可汉语终究是属于孤立语，缺乏词形变化，这一致命性的缺陷决定了汉语词缀在整体上是不可能像英语那样发达的。其性质决定了在整个汉语合成词中，无论的大陆还是台湾，仍然是复合词多，派生词少，而且在整个派生词汇中，又以语法词居多，词汇词较少。

第五章

两岸汉语词汇差异的影响分析

　　两岸汉语词汇的差异所造成的影响，可以分三个层面讨论。第一个层面是对操该语言的主体对象，即对两岸民众的影响，该层影响主要表现为交流障碍。第二个层面是对非母语学习者的影响，目前主要表现为对汉语国际推广受众的影响，该层影响主要表现为学习障碍。这两个层面的影响都是语言内的影响。第三个层面是语言外的影响，主要是国际上对两岸汉语词汇差异、两岸汉语、两岸关系等的理解和认识，该层影响主要表现为认知障碍。

第一节 词汇差异与两岸间的语言交流

曾经有学者专门撰文说，两岸间需要高级翻译。初听这话，读者或许觉得有些危言耸听或者小题大做。两岸都是炎黄子孙，说的都是汉语，还用得着翻译么？事实还真不是我们想象的那么简单。举个例子，倘若有台湾朋友告诉你，他最近准备"转换跑道"，你一定一头雾水，不知所云。同样，假如某大陆女士告诉台湾朋友，她厌倦了办公室女白领的单调生活，打算"下海"闯荡的话，一定也会让她的台湾朋友跌破眼镜，惊愕不已！为什么会出现这种情况呢？原因很简单，两岸虽然同讲汉语，但几十年的交流不畅和语言的分野发展，导致了两岸间汉语词汇的诸多差异。很多词汇虽然"书同文"，意义却大不相同。譬如前述"转换跑道"，"翻译"成大陆语言，就是"跳槽"、"换工作"的意思。而"下海"在大陆是"改行去经商"的意思，是改革开放后产生的一个很时兴的词汇。但在台湾，却是一个旧词，是指女子沦落风尘，"下海"与"上岸"相对，"上岸"是"从良"，那么"下海"就是"失足"了。这就难怪台湾朋友听说大陆女白领要"下海"时万分错愕的原因了。

前面我们提到，根据台湾"中华语文研习所"和北京语言大学联合编撰的《两岸现代汉语常用辞典》中所收录的 45000 个词语统计分析，两岸完全通用的词语约有 42700 条，占总数的 94.9%，两岸间的词语差异度已达到 5.1%。这是以整个现代汉语常用词汇为统计基数，得出的两岸词汇差异度，5% 多一点，从比例上看似乎并不大，人们对其是否真的会影响到两岸间的语言交流尚持怀疑态度。事实上，人们忽略了一个语言现象，那就是，语言词汇的高成长性和高时效性。在实际语言交际中，我们可以把词汇分成两类，一类是比较稳定的基础性词汇，一类是时效性较强的新生词汇。基础性词汇总量大，生命周期长，但使用的频次并不是特别高；新生词汇总量小，生命周期不一，但其产生快，使用频次高，在共时性的语言交际层面上的使用频次占比明显高于在整个词汇体系中的占比，而且，很多新生词汇在使用过程中，会逐渐成长为基础性词汇。前面我们提到的 5% 多一点的差异，基本上是基础性词汇。而对于新生词汇，根据香港城市大学语言资讯科学研究中心的"各地中文共时语料库"（LIVAC：A Synchronic Corpus of Linguistic Variation in Chinese Communities）1995 年 7 月至 2001 年 6 月这六年间的语料统计，两岸间的新词接近率只有 38.76%。这个差异就足以让研究者惊骇了。所以，综合考虑实际语用中基础性词汇和新生词汇的权重，两岸语言交流中的共时性词汇差异率肯定要远远高于 5% 这一比例。那么，其对两岸间语言交流的障碍也是显而易见的了。

从研究来看，词汇差异对两岸间的语言交流影响，表现出以下几个特点：

一是词汇差异对口语的影响大于对书面语的影响。

相对来说，书面语的词汇系统比较稳定，其所使用的词汇，多数为整个汉语词汇系统的核心词汇，一般具有"词龄"长或"词义"清晰严谨的特征。两岸在书面语系统中的共同词汇比例高，差异度小，因此，两岸的词汇差异对其影响相对较小。口语则因为极强的生活化和情境化，受社会环境的影响大，所以词汇差异对日常口语交流影响较为深远。例如，"搞"这个动词，在海峡两岸都存在，而且是一个比较常见的、较为口语化的词语。但是，其在两岸的义项和使用范围却有差异。在台湾，"搞"有"乱来"的意思，带有贬义色彩，常接在"胡"、"乱"、"瞎"等词后面，使用范围较小，多指发生不正当的男女关系。但在大陆，"搞"的使用范围就大得多了，如我们常说"搞卫生"、"搞对象"、"搞好关系"、"搞饭碗"等，不仅没有了贬义色彩，"搞"的水平还是能力的体现。再如，"质量"这个词，两岸也都有使用，但是用法不一样，在大陆是指产品的好坏，而在台湾则是指一人的人品的好坏。所以我们说"这副眼镜的质量不错"，台湾人就真的很难理解了，怎么眼镜还有质量问题呢？这里，他们把"质量"与道德品质联系起来了，是专指人的。

二是词汇差异随着交流的深入而凸显。

从宏观上看，两岸词汇的主体部分是相同或相近的，有差异的只是少部分词汇；从微观上看，在差异性词汇里，很多词在两岸都有使用，且主体义项也是相同或相近的，差异的只是部分义项。因此，两岸人员之间简单的见面聊天，一般较少受到词汇差异的影响，越是交流的深入，词汇差异的影响越凸显。因为交往深了，思想沟通的层次就深入了，对词义的选用和理解偏差也就日久弥深。譬如，我们在大陆碰到台湾同胞，彼此打个招呼，简单交流几句，并不感觉有多少障碍，顶多觉得对方台湾腔比较浓而已。稍微深入一点，如果我们去台湾旅行观光一周，交流接触的多了，我们就会觉得，彼此有些说法不一样，台湾的"捷运"原来就是"地铁"，台湾的"速食面"原来就是"方便面"，台湾的"免洗餐具"原来就是"一次性餐具"，台湾的"古早味"原来就是"传统风味"等。如果我们再深入一层，去台湾高校游学一年，我们就会发现，词汇差异就不仅仅是称谓不一样了。有的会用词不同或词义不同，有的甚至还涉及到词汇差异背后的思想观念和文化认知上的不同。譬如，"感冒"这个词，除指普通意义上的生病感冒外，两岸都还有引申比喻义。例如，同样的一句"我对此人不感冒"，在两岸的理解就会完全相反。大陆是指对这个人没好感，甚至比较讨厌，在台湾则是对这个人不反感，没有不舒服的感觉。再如，如果你问大陆的同学"你们老师是男生还是女生"的话，他可能觉得你有问题，但在台湾，这句问话一点问题也没有。同样是女生，在大陆则多指未成年的小姑娘，在台湾则可以通称所有女性。这些词汇上的细微差异，没有深入的交流，是很难体会到的。

三是随着两岸交流的日益频仍，差异性词汇继续产生，但融合的趋势在加速。

　　两岸的差异性词汇是一个动态发展的过程。在两岸语言治权还没有完全统一的情况下，只要有新词汇产生，就难免会有词汇差异。可以显见，未来两岸的差异性词汇还会继续产生和增加。但是，也可以预计，随着两岸交流的日益频仍，特别是两岸网络互动的增加和相关资讯借助网络的快速传播，彼此信息交际的独立性将会被不断弱化，相应地，彼此间的信息互动则会不断强化，一强一弱，将会极大地推动两岸词汇的融合。这将主要表现为两种类型：一种融合类型是差异性词汇产生的几率缩小。这是因为，当一种新事物、新现象被一方命名后，将会借助便捷的信息沟通渠道，快速传播到另一方，这样，另一方就直接拿来使用，而不用再重新命名。另一种融合类型是两岸的差异性词汇在密切的互动中，彼此相互借鉴碰撞，最后一方的强势词汇代替了另一方的弱势词汇，形成一种整合态势。譬如，近年来，大陆的"山寨"一词，就在两岸的信息互动中走进台湾词汇系统，为对方所吸纳，而台湾的"跑路"一词，也借助近年来金融危机的风潮强势"登陆"。

　　四是两岸词汇差异呈现出阶段性特征。

　　语言是社会的产物。两岸间的词汇差异，也一样受社会环境的巨大影响。随着两岸社会关系的调整变化，两岸词汇差异也呈现出阶段性特征。纵观两岸差异词汇的发展状况，大致可以分为三个阶段。从1949年开始到大陆改革开放前，两岸彼此隔绝，不相往来，在语言方面也是分野发展，没有交集可言。这一阶段，是两岸差异词汇的单纯产生发展期。改革开放后到本世纪初，随着大陆的对外开放和两岸三通的不断深化，大批台湾同胞来大陆探亲观光、投资兴业。这一时期，虽也有大陆人员赴台，但总体上，无论是人员，还是资金，抑或文化，基本呈单向流动，两岸的差异词汇在彼此交流碰撞中，也基本是以大陆接受台湾词汇为主，属于差异词汇的单边输出和不对称增长阶段。从本世纪开始，特别是"胡连会"之后，两岸关系得到进一步的改善，台湾方面逐步放宽大陆人员和资金入台的限制，加之大陆经济的崛起壮大，其语言的辐射能力也得到进一步提升。这一阶段，台湾在继续产生和向大陆输入差异词汇的同时，也开始加速借鉴和吸收大陆的差异性词汇。譬如大陆的"雷人"、"犀利哥"、"山寨"、"打酱油"、"俯卧撑"、"逆袭"、"中国梦"等词汇在台湾也同样走红。

第二节　用于汉语国际推广
的词汇差异研究

　　将汉语作为第二语言教授给母语非汉语的外国人或海外华人的教学活动，大陆习惯上称为"对外汉语教学"，近年又有了"汉语国际教育"的提法；台湾则习惯称为"华语文教学"。为方便起见，本文一律统称为"汉语国际推广"。

　　台湾的汉语国际推广起步非常早。早在 1950 年代中期，台湾地区的华侨大学等就针对华裔学生和外籍学生开设"先修班"、"华语班"等对外汉语教学性质的班级。1956 年，台湾师范大学成立"国语教学中心"这一汉语国际推广专门机构。在汉语国际推广活动与研究中占有重要地位的"中华语文研习所"也于这一年成立。据不完全统计，截至 2006 年，全台湾地区以高校为主要阵地的汉语国际推广机构已达 28 家。自上个世纪 50 年代开始，无论是在台湾本土，还是在海外，台湾的汉语国际推广一直呈稳步上升趋势。特别是在 1980 年代以前，台湾的汉语国际推广几乎垄断了整个海外市场，来台湾本土学习汉语的外国学生近年来也基本维持在 6000

人／年的规模上。截至 2007 年，台湾地区约有近 20 所高校开设了华语文教学系所，台湾师范大学甚至于 2005 年成立了博士班。

大陆的汉语国际推广起步相对比较晚。本土对外汉语教学在建国后曾有一定程度的发展，1962 年还成立了外国留学生高等预备学校（今北京语言大学前身）。但总体而言，过程多有起伏，规模始终不大，文革中更是一度中断。境外的汉语国际推广在相当长一段时间内几乎是空白。1970 年代后期，大陆的汉语国际推广进入了蓬勃发展时期。截至 2010 年 10 月，大陆已在世界各国建立 322 所孔子学院和 369 个孔子课堂，分布在 96 个国家（地区），其中，单孔子学院就已分布到 91 个国家（地区）。此外，近年来，专门来华接受汉语国际推广的各类留学生也达近 10 万人／年的规模。其他诸如在华经商、旅行的外籍人士从别的渠道接受汉语国际推广的尚不在此例。

目前，大陆和台湾是汉语国际推广的两大主体，掌握着全球汉语国际推广的 80% 以上份额。随着两岸汉语国际推广工作的蓬勃发展，这两个语言社区的词汇差异对汉语国际推广的影响也日益突出，特别是曾分别从大陆和台湾两个渠道接受过汉语教育的外籍学生，受这方面的影响和困扰尤为明显。但比较遗憾的是，除笔者 2012 年的硕士论文《两岸词汇差异与汉语国际推广》外，迄今为止，尚未见到有关这方面的论述。笔者以为，这是应该引起我们重视的一个研究课题。本书在这方面列出一个专门章节论述该问题，希望能起到抛砖引玉的作用。

一、两岸用于汉语国际推广之词汇差异比较

两岸用于汉语国际推广的词汇，主要是指由官方机构制定的或被官方机构采用的，经过科学研究和检测的，在汉语国际推广的教材编写、语言教学、能力测验等过程中均作为指导性标准的一整套成体系的词汇。在大陆，主要是 HSK 词汇大纲中的词汇，在台湾，主要是 TOCFL 词汇分级表中的词汇。

1. HSK 词汇大纲和 TOCFL 词汇分级表情况概述

大陆的汉语国际推广虽然起步较台湾要晚，但其等级考试起步却比台湾早。1984 年，北京语言学院（今北京语言大学，以下简称"北语"）成立"汉语水平考试设计小组"，着手研制针对外国人的汉语水平等级考试。1985 年，研制出样卷并在北语进行了试测，来自 70 多个国家的 360 多名留学生参加了本次试测。1988 年，又在北语举行了第一次正式测试。1992 年，国家教委（今教育部）颁布命令，将北语研制的汉语水平测试定为国家级考试，并正式命名为"中国汉语水平考试（HSK）"。同年，北语研制出汉语水平考试词汇等级大纲（以下简称 HSK 词汇表），2001 年北语又在原有的基础上，出版了修订本。在 HSK 词汇表中，共收词 8822 个，共分四个等级，从低到高依次是甲级词汇 1033 个，乙级词汇 2018 个，丙级词汇 2202 个，丁级词汇 3569 个。2010 年，国家汉办又推出了《新汉语水平考试 HSK 大纲》及配套的词汇大纲，并于 2011 年开始实施。鉴于新版的 HSK 词汇大纲刚刚启用，成效尚不可知，

本文在相关研究和统计中，仍以旧版 HSK 词汇大纲为准，但中间也对新版大纲词汇略有涉及。

台湾汉语国际推广虽然起步比较早，但对学习者的等级考试却迟迟没有出台，直到 2001 年才由非官方的台湾师范大学国语教学中心、华语文教学研究所、心理教育测验中心三家机构开始着手研发"华语文能力测验"（Chinese Proficiency Test，CPT），并于 2002 年开始在本土施测，2003 年开始在海外施测。2005 年，台湾"教育部"将该测验提升为"国家级"的华语文能力测验（Test of Proficiency-Huayu，TOP-Huayu）。相应的，其也一直没有一本官方的词汇大纲。直到 2002 年，台湾师范大学张莉萍女士才研制出华语文能力测验词汇分级表（以下简称 CPT 词汇表），这应该是台湾地区第一个可采用作华语文能力测验的词汇大纲，比大陆整整晚了 10 年。CPT 词汇表共收词汇 10155 个，分为初、中、高级三等，其中，初等词汇 1507 个，中等词汇 3684 个，高等词汇 4964 个。

从 2003 年开始，张莉萍女士又受台湾"国家科学委员会"资助，在原有 CPT 词汇表的基础上综合台湾"中研院"CKIP 词汇表、大陆 HSK 词汇表等研究成果，运用相对频率、加权值的方式，算出每一个词的比重，然后制定出一个改进版的"TOP 词汇表"，也就是我们经常说的"华语八千词"。这个华语八千词分初、中、高级三等。其中初级 1500 词，中级 3500 词，高级 3000 词。华语八千词于 2010 年 8 月作了最新的修订。2011 年台湾开始采用改进版的华语文能力测验（The Test of Chinese as Foreign Language 以下简称 TOCFL，2010 年推出），并以该词汇表为参考词汇，所以本文暂称该词汇表为 TOCFL 词汇表。根据张莉萍女士的意愿，后文中所引例证，除特别注明外，均为 2010 年 8 月新版的 TOCFL 词汇表。

根据张莉萍女士的统计，HSK 词汇大纲中的 8822 个词和 TOCFL 词汇表中的 8000 个词的存在着比较高的分布交集，具体如下表：

TOCFL vs. HSK 词汇的分布交集情况

HSK ∩ TOCFL		TOCFL 词汇表（8000 个）		
		初（1500）	中（3500）	高（3000）
HSK 词汇表（8822 个）	甲（1033）	959	153	9
	乙（2018）	354	1399	191
	丙（2202）	32	899	854
	丁（3569）	13	438	686

2. HSK 词汇大纲和 TOCFL 词汇表中的差异性词汇对照

如果算绝对意义上的差异性词汇，则对方没有的词汇或义项上有出入的词汇都应算差异性词汇。这样的话，HSK 词汇大纲共收词 8822 个，TOCFL 词汇表共收词 8000 个，即便假设两者存在最大交集，起码也有 822 个词不相同。而且，同一个词汇，因为词性不同，在 TOCFL 词汇表中都算作不同的词，而 HSK 词汇大纲中是按义项来划分词的，相同义项，词性不同，仍然算一个词。譬如，"比赛"这个词，可作名词，也可作动词，在 HSK 词汇大纲它只算一个词，在 TOCFL 词汇表算两个词。所以，如果按照 HSK 词汇大纲的统计标准，TOCFL 词汇表中实际收词没有 8000 个。如果这样算上量的差异和内容的差异，粗略估计，两者的差异性词汇应该在 1500 个左右。本文要讨论的不是这种绝对意义上的差异。

　　本文是以 HSK 词汇大纲为参照系，将 TOCFL 词汇表与之对照，以 HSK 词汇大纲中没有的词汇或义项有显著差别的词汇为差异性词汇。需要说明的是，异体字、儿化音等不影响义项的细微差别，不计入差异性词汇。根据这个标准，据笔者粗略统计，两表中的差异性词汇总数为 305 个，约占 HSK 词汇大纲 8822 个词总量的 3.5%。其中，未收入 HSK 词汇大纲，但在普通话中已经存在、义项上没有大的差异，且在使用过程中基本不用其他词替代的词汇有 79 个，它们分别是：

按摩	棒球	保龄球	保全	比拟	别墅	本位	不肖	部落
插花	财团	呈献	出超	出马	打烊	大选	代课	道教
地狱	风水	锋面	佛经	佛像	国会	海运	后院	汇票
基督	集权	技艺	教化	教徒	经书	苛责	理学	立国
列国	露营	美容院	民国	谋生	募集	牛排	前院	沙拉
圣贤	师母	市立	世间	仕女	寺庙	素食	水灾	天堂
甜点	同性恋	投保	外号	乌龙茶	武士	洗礼	下旬	仙丹
孝子	效忠	写实	行号	修好	修女	许愿	宣示	隐士
原野	正统	志趣	作怪	周游	作证	伫立		

　　这些词汇，大致可以分为三类，一类是继承下来的旧词，如：保全、比拟、不肖、呈献、打烊、风水、教化、经书、苛责、理学、

列国、谋生、圣贤、师母、仕女、下旬、孝子、效忠、行号、修好、隐士、正统、伫立等。一类是反映台湾日常生活特点的词语，如：按摩、棒球、保龄球、别墅、本位、部落、插花、财团、出超、出马、大选、代课、锋面、国会、海运、后院、汇票、集权、技艺、立国、露营、美容院、民国、募集、牛排、前院、沙拉、市立、水灾、甜点、同性恋、投保、外号、乌龙茶、宣示、原野、周游、作证。还有一类是与宗教有关的词汇，如：道教、地狱、佛经、佛像、基督、教徒、寺庙、素食、天堂、武士、洗礼、仙丹、修女、许愿等，台湾的这类词汇比较多，而且涉及各种宗教，由此也可以看出宗教在台湾的影响之深。

剩下的 226 个则基本上都是有实质性差异的词汇（包含隐性差异词汇，具体见下文论述），约占 HSK 词汇大纲 8822 个词总量的 2.6%。其中，有些词汇在 HSK 中能找同形异义词或同义异形词，有些则在 HSK 中没有对应词汇，具体详见本书《附录四：TOCFL 词汇分级表与 HSK 词汇大纲差异词汇对照表》。

从类型上分，这 226 个差异性词汇中，同形异义词 109 个，占比 48%；同义异形词 113 个，占比 50%；没有对应词的及其他词汇 4 个，占比 2%。从词性上分，名词 125 个，占比 55.3%；动词 61 个，占比 27%；形容词 38 个，占比 16.8%；其他词性 12 个，占比 5.3%。由此可见，两岸差异性词汇主要表现在名词和动词词方面。

以上主要是以 HSK 词汇大纲为参照系，筛选出 TOCFL 词汇表中的差异性词汇。其实，如果我们反过来，以 TOCFL 词汇表作为参照系，也可以从 HSK 词汇大纲中筛选出一些不在上表之列的差异性词汇来，如帝国主义、倒爷、根据地、共产主义、鬼子、闺女、国库券、统战、逃荒、下放、游击、政协、直辖市等，这里就不在一一列举。

3. HSK 词汇大纲和 TOCFL 词汇表中差异性词汇分析

关于 HSK 词汇大纲和 TOCFL 词汇表的差异性词汇，我们可以分作两类来讨论：

一类是显性差异，即本身就有差异的词汇。根据附录四的列表统计，这类词汇本身就存在差异的显性差异词汇总计为 182 个，占全部差异性词汇的 80.5%。这些显性差异词汇又可以分为同形异义词、同义异形词和没有对应词的及其他词汇三类。例如，"爱人"这个词，在两个词表中就是一对同形异义。在大陆，"爱人"是"配偶"的意思，而在台湾，"爱人"则是"情人"的意思；又如"计程车"和"出租车"则是一对同义异形词，只是描述的角度不一样，所以才产生不同的名称；再如作为量词出现的"坪"是台湾地区从日本借用过来的，一般是用来计量小面积的一个单位量词，在大陆没有相应的词与之对应。（大陆有"坪"字，如停机坪、草坪等，但没有作为量词的"坪"。）这三类词中，同形异义词方面的显性差异词汇为 95 个，占显性差异词汇的 52.2%；同义异形词方面的显性差异词汇为 83 个，占显性差异词汇的 45.6%；没有对应词的及其他词汇 4 个，占显性差异词汇的 2.2%。

需要提及的是，TOCFL 词汇表本身在制作过程中就参考吸收了 HSK 词汇大纲中的词汇，所以，实际语言教学中的差异，要比两表所收录的词汇中 3.5%的差异率要大一些。如果以 HSK 词汇大纲 8822 个词和 CPT 词汇表的 10155 个词汇作对比统计，差异度则在 HSK 词汇大纲词汇表总量的 4%左右。关于 CPT 词汇表，张莉萍女士在给笔者的邮件中曾提到"我当初作词汇研究，纯粹是为了因应能力测验而做。先前比较少人关注华语标准，也就没有数据可查。"由此可见，2002 年研发的该表所选词汇应该更为接近于台湾的语言实际，而 TOCFL 词汇表则是充分考虑到了两岸词汇的差异及其对汉语国际推广的影响而主动做了调整。虽然较台湾的语言现状有所干预，但是，其做法也恰是本文所要建议的目标之一。这是我们乐意看到的两岸在汉语国际推广中处理词汇差异问题上所迈出的十分可喜的一步。

另一类是隐性差异，即词汇本身在两岸的基本释义是没有差异的，不属于差异性词汇，但是由其作为词素组成的派生词在两岸却成了差异性词汇。这种出现在一方或双方词汇表中的词汇，两岸都有，且该词汇的释义内涵、外延基本上也都是一样的，是完全的同名同实词汇。所以我们似乎也没有理由把它们界定为两岸差异性词汇，因而无论是研究者还是教学者、学习者，都常将其忽略。而事实上，它们却是"潜伏"的差异性词汇。举个例子，"公事"这个词，收录在 TOCFL 词汇表的"流利级"阶段，表中给出的英文释义是"public affairs, official business / duties"。这个词虽未被收入 HSK 词汇表中，但在大陆也常用，现代汉语词典给出的基本解释是"公家之事"，可见与台湾方面的解释基本一致。就词汇本身而言，不能算差异性词汇。但是，作为词素，"公事"在台湾还可以派生出"公事房"一词，教师在教授"公事"的时候，很可能就自然地带出了"公事房"一词。但大陆却没有"公事房"这个词，与之对应的是"办公室"。这样一来，"公事"一词就成了"潜伏"的差异性词汇。这类隐性差异词汇在附录四的列表中共有 44 个，占整个差异性词汇总量的 19.5%。再如，从大陆的 HSK 词汇表看，"木偶"、"招牌"、"脱"、"打工"、"宇宙"、"外"、"盲人"等词汇，在台湾也有使用，意思基本差不多，但是，由此派生出的"木偶戏"、"招牌菜"、"脱产"、"打工楼"、"宇宙飞船"、"外教"、"盲人学校"等词汇，在台湾有的就变成了同形异义词了，如"外教"一词，台湾更多的是指外来的宗教，大陆则指外籍教师；有的则是另有他词与之对应，如"木偶戏"在台湾叫"布袋戏"；"盲人学校"在台湾叫"启明学校"。同样，从 TOCFL 词汇表角度看，"切"、"太空"、"外"、"幼稚"、"次"、"冷气"、"空中"、"科技"、"书"、"草地"、"记忆"、"高"、"脱"、"智慧"、"跑道"、"开发"、"暖气"、"运"、"压力"、"生理"、"可乐"等我们都能耳熟能详，可是，由此派生的"切割"、"太空梭"、"外教"、"幼稚园"、"次长"、"冷气机"、"空中大学"、"科技大学"、"书记"、"草地人"、"记忆体"、"高考"、"脱产"、"智慧财产权"、"转换跑道"、"未开发国家"、"暖气机"、"运将"、"压力锅"、"生理时钟"、"可乐帽"等词汇，我们就不能望文生义了，有的词汇，如"外教"、"高考"、"脱产"等，即便大陆也有与之同形的词，可意思已经完全不一样了。至于"书记"只是一般的文员，"草地人"实为乡下人，"转换跑道"乃指跳槽，就更为我们所不知了。

单从 HSK 词汇大纲和 TOCFL 词汇表中所收录词汇的粗略统计来看，这种隐性差异性词汇约有 44 个左右，约占 HSK 词汇大纲词汇总量的 0.5%，估计在实际语言环境中，比例会略高一些，但应该不会超过 1%。

二、一般常用词汇差异比较

语言是用来交际的，在实际交际过程中，我们不可能像标准化的等级考试那样，严格遵照词汇大纲进行，很多在生活中经常用到的词汇，特别是一些热门词汇会经常出现在交际中。即便是教材编写，也会避免不了出现一些超纲词汇。而不管哪种版本的词汇大纲，一则都有一个相对稳定性，不可能做到及时完整地反映当下的词汇发展现状；二则因其具有较强的书面性和规范性，一些相对较口语化、生活化的差异性词汇，无法收录其中。因此，在汉语国际推广中，未收录进大纲的两岸常见差异性热门词汇成了影响推广和交流的又一重要表现。

在汉语国际推广和实际使用过程中，两岸常见、常用差异性热门词汇主要表现在文化教育用语、日常生活用语和政治经济用语三个方面。较之其他领域的词汇，这三个方面与汉语国际推广的受众联系尤为密切。

1. 文化教育用语

文化教育用语是汉语国际推广过程中首先就要碰到的一类词

语。两岸文教体制、理念的不同，造成了该领域社区词汇的大量发育，学生甫一接触，就能感受到两岸词汇的差异性。譬如，在教育领域里，单就各级各类学校而言，两岸就差异颇大。大陆的幼儿园在台湾叫幼稚园；大陆的公办小学、中学，在台湾分别叫"国小"、"国中"；大陆的"中专"到台湾就变成了"高职"；即便是同名同姓的"科技大学"，在两岸也差别天壤，大陆的科技大学是偏重理工类的研究型或研究教学型大学，而台湾的科技大学只相当于大陆的职业技术学院，也就是大陆的"高职"，根本不在一个层次上。大陆各高校的研究生部、研究生院，在台湾一律叫"研究所"，这里的学生不叫"研究生"而叫"研究所学生"，在大陆，"研究所"一般则是专门的研究机构，跟学校没有直接联系；大陆的盲人学校、聋哑人学校等在台湾则成启明学校、启智学校；大陆的"电大"到了台湾就成了"空大"。具体到学校内部，我们的"班主任、专业、公共课部、语文、普通话、语法、繁体字、高考、毕业典礼"等，到了台湾就变成了"导师、科系、通识教育部、国文、国语、文法、正体字、大学联考、休业式"。

2. 日常生活用语

日常生活用语对在海外接受汉语国际推广的学生影响不是很大，但对来大陆或台湾留学的外国学生却影响深刻。日常生活用语，涉及衣食住行、休闲观光、影视娱乐等方方面面，处处都会看到、时时都能听到，事事都要用到，是他们在学习和生活中无法回避的。此外，这些用语又因生活化、口语化比较明显，所以词汇差异性要比一般用语更大，对学生的影响也要更全面、更深刻。在日常口头用语方面，台湾的词汇特别口语化，隐喻性词汇和外来语比较多，而大陆则相对"板正"得多。例如，台湾的新闻，听起来给人们的感觉就像是大陆的家常聊天；大陆的新闻听起来则像台湾的"外交"公报。所以曾有观点认为，大陆口语有书面化倾向，台湾书面语有口语化倾向，应该是不无道理的。

因为两岸日常生活用语的对应性相对来说不是很强，这里我们只简单列举一些台湾用语，在后面注上大陆的相近词汇，让读者从中感受一下两岸日常生活用语的差异。如：美眉（美女）、恐龙（丑女）、服务生（服务员）、马子（女友）、锤子（男友）、邮差（邮递员）、偶（我）、麻吉（好友）、条子（警察）、太妹（不良少女）、同志（同性恋者）、小白（白痴）、达人（高手）、菜鸟（外行）、鸡婆（唠叨）、三八（啰唆）、观光（旅游）、霹雳包（腰包）、太空衣（羽绒服）、卫生裤（秋裤）、豪雨（暴雨）、计程车（出租车）、小人国（沙盘）、不爽（不顺）、靠谱（有理）、唱衰（不看好）、抓狂（烦心）、窝心（开心）、八卦（瞎说）、出糗（出丑）、安啦（放心啦）、不甩（不怕）、太扯

（夸张）、夭寿（要命）、很闪（张狂）、鸭霸（蛮横）、呛声（找碴儿）、搞怪（狡诈）、透早（清晨）、古早（历史悠久）、歹势（不好意思）等。此外，在日常生活用语上，有不少台湾词汇直接为大陆所吸收借用。譬如帅哥、靓妹、宅女、辣妹、佳丽、义工、泡妞、搞定、演艺、星探、灵异、惊悚、执导、香艳等。在这方面，大陆输台的词汇不多，这主要与大陆的生活用语过于正式有关，同时也与两岸经济，特别是投资基本上呈单向性流动有关。随着近些年大量陆客赴台和台湾对大陆投资的放开，大陆词汇的输台将会有一个比较明显的爆发期。

3. 政治经济用语

政治经济类词汇，因为经常出现在报纸电视上，应用性较强，特别是一些热门词汇，有时还会出现在汉语国际推广考试的读、写类试题中，中高级阶段的学习者有必要掌握一些这方面两岸的用语差异。两岸政治经济类词汇差异呈现出两大特点：

一是社区词发达，单方特有词汇多。在社区词方面，如大陆的人大、政协、两会、代表、提案、外资、内资、产业转移、开发区、经济特区、高新区、自贸区等，台湾的愿景（愿望、憧憬）、智囊（高参）、悲情（苦情）、谢罪（引咎）、造势（制造气氛）、举荐（推选）、缓颊（放松）、骂战（口水仗）、冻蒜（当选）、因应（回应）、民意（民声）、族群（阶层）、荣民（退伍军人）、请益（请教）、行销（营销）等，都是常见常用的，在汉语国际推广，特别是到了中高级阶段，也会涉及到，需要有所了解和掌握。

二是台湾对旧词的大量保留，较少外来词汇。1949 年国民党当局去台之后，在语言上比较完整地保留和延续了新文化运动以后的汉语白话文系统，包括注音字母、旧有词汇、传统语法等。就词汇方面而言，目前大陆早已弃用了，但在台湾仍然比较活跃的旧词还很多，譬如常见的就有佣金、薪资、年资、关防（公章）、书局（书店）、尾牙、公尺、层峰、长官、幕僚、里长、次长（副部长）、邮差、车夫、脚夫、佣人、先生、小姐、太太、老板、男士、女士、校花、袍泽、人瑞、褫夺、陈情、整饬等。

在旧词沿用方面，主要表现在台湾，大陆较为少见。但近些年大陆有少量启用和从台湾再借用的现象，例如，之前已经弃用的"先生"、"太太"等，近些年又开始流行起来。

前面我们从词汇本体上分析了两岸的差异性词汇及其在汉语国际推广中的具体表现。那么对汉语国际推广对象来说，两岸这些差异性词汇对其又产生哪些影响呢？他们对此又有何反应呢？这也是我们在汉语国际推广中必须考虑到的问题。

第三节　两岸差异性词汇对汉语
国际推广对象的影响

　　前文我们分别就 HSK 词汇大纲与 TOCFL 词汇分级表中的差异性词汇、两岸常见差异性热门词汇的相关情况进行了介绍和比对。那么，这些差异性词汇又对汉语国际推广对象产生怎样的影响呢？通过问卷调查，结合相关词汇学知识，我们分析认为，两岸差异性词汇对汉语国际推广对象大致造成了如下四个方面的影响：

　　一是增加了推广对象的学习记忆负担。

　　同一个所指，却用不同的词汇符合标记，这本身就不符合语言的经济原则。尤其是那些没有什么实质性不同的差异性词汇，完全是徒增记忆负担而已。根据统计，这样的差异性词汇，在 HSK 词汇大纲与 TOCFL 词汇分级表中约占整个词汇的 40%，在实际交际语言中，比例应该更高。譬如说，"找寻"和"寻找"意思基本一致，只是顺序不同而已，前者出现在 TOCFL 词汇分级表中，后者出现在 HSK 词汇大纲中。更有甚者，大陆的"土豆"在台湾叫"花生"，大陆的"花生"在台湾叫"土豆"，正好完全颠倒。这种词汇乱相，就是对国人来说都显头疼，更遑论对汉语国际推广对象了。

二是给推广对象正确理解和使用汉语带来了一定的困扰。

有些差异性词汇，不仅增加了汉语国际推广对象的记忆负担，还对其正确理解和使用汉语带来了一定的困扰。譬如，笔者曾接触到一个外国学生，他是在大陆学的汉语，后来曾去台湾工作过半年。他就跟我抱怨说，有一次一个台湾朋友开车带他出去玩，他就问这个台湾朋友："你这车是'公车'还是'私车'啊？"他的这位台湾朋友感觉莫名其妙，反问"有长成这样的'公车'吗？"这个外国学生就更感觉一头雾水了，难道台湾的"公车"和"私车"外形上还有区别吗？其实，造成这个误会的罪魁祸首就是"公车"一词。在大陆，"公车"是指公家的车子，一般是专供政府公职人员执行公务时乘坐的，在台湾一般叫"公务用车"。而在台湾，"公车"则是公共汽车的简称，也就是大陆常说的"公交车"。因为两岸"公车"性质不同，就成了这次交流中的一个困扰。这样容易造成理解上或使用上困扰的何止是"公车"呢？其他诸如"外教"、"前辈"、"先进"、"品质"，甚至包括"困扰"本身，都极易给推广对象造成"困扰"。

三是强化了推广对象对两岸语言差异度的认识。

语言的差异性，在实际使用过程中，有强化和放大效应。譬如两岸5%的词汇差异，在使用过程中，给人的感觉会远远超过这个比例。这就好比米饭里面有一些芝麻，其实其中的芝麻含量也许不足1%，但看到的人总会说，这饭里面怎么会有这么多芝麻呀？因为在人们的心理预期上，米饭里是不应该有芝麻的，所以哪怕只是

1%的含量，也会让人感觉里面有很多芝麻，语言的差异亦然。正因为这种强化和放大效应，两岸词汇的差异，不仅影响了汉语国际推广，也令推广对象对两岸整个语言上的差异都印象深刻，加上汉字繁简之别、拼音与注音的差别、台湾闽南语音的影响等，一些推广对象甚至认为，两岸的语言是两种有着亲缘关系的不同语言，就好比荷兰语和英语的关系一样。持这种观念的人，主要以欧美国家的学生居多。甚至有一个墨西哥的学生跟我说，她感觉大陆话和台湾话的差别比西班牙语和葡萄牙语的差别还要大，因为她讲的是西班牙语，但她能大致听懂葡萄牙语。而能听懂普通话的她，有时候却听不懂台湾话。我想，她的这个错觉，除了词汇差异外，语音应该是其中的一个重要诱因。不过，这种因词汇差异等而引起的误导作用应引起语言学界，甚至政府层面的足够重视。

四是对推广对象正确认识两岸关系有一定的误导作用。

更为严重的问题是，两岸词汇差异的影响，有时候甚至超越了语言本身。基于两岸语言包括词汇在内的一系列差异，有的推广对象不仅认为两岸使用的是两种不同的语言，甚至进而认为两岸是两个国家。当然，不可否认，他们对两岸关系的错误认识，可能来自多方面的判断，但两岸语言上的差异，无疑起到了一个误导或佐证的作用。陈水扁当局当年在岛内大力推进文化切割，应该也是看到了这一点而借机推波助澜，企图达到"语言搭台，政治唱戏"的目的。所以，我们不仅应该看到两岸词汇差异对语言本身及使用者的影响，更应该看到其对两岸关系认知的负面冲击。

第四节　汉语国际推广对象对两岸
差异性词汇的反应

　　两岸差异性词汇的客观存在及其对汉语国际推广对象造成的
的不同层面上的影响，在不同对象中的反应也是不完全一致的。根
据对调查对象随机采访的统计分析，其对差异性词汇的反应，按其
集中程度由强到弱依次是以下五个方面：

　　一是认为这种差异性词汇是人为造成的，基本不具备正面意义，
可以择优掌握，没有必要都学习。譬如说，他们认为，既然"遇难
者"和"往生者"是一个意思，那么就没有必要两个都学习，记住
其中一个就可以了。但他们也有困扰，就是大多数情况下，他们自
己不太能独立判断差异性词汇孰优孰劣，无从取舍。因此，他们希
望两岸能尽量减少词汇差异，给学习者提供最经济便捷的语言。更
有受访者建议，两岸最好能共同组建一个机构，梳理包括词汇差异
在内的副语言要素差异，然后按照先易后难的原则逐渐统一，以利
受众的学习。

　　二是认为语言主要是用来交际的，不管词汇本身优劣如何，能

最大程度地方便交际就行，大陆的影响力远远超过台湾，当两岸词汇有差异时，大多会毫不犹豫地接受大陆的词汇。根据对调查对象身份的统计分析，我们发现，持这种观念的以来大陆投资的外国人居多。他们在接受汉语时，主要以交际实用为目的，所以当然是希望语言越有利于交际越好。随着大陆经济影响力的不断增强，持这种观点的汉语国际推广对象及潜在对象将会越来越多。这不仅反映了大陆的经济腾飞对汉语国际推广的有益帮助，也在一定程度上反映了大陆在语言发展上的交际性和实用性取向。

三是认为台湾的汉语才是正统，是中华文化的完整传承者。对两岸的差异词汇，他们更倾向于接受台湾的词汇，认为这样才能学到更正宗的汉语。部分调查者认为，大陆的汉语属于"普及版"，台湾的汉语才是"标准版"。持这种观点的，以酷爱中国传统文化者或主要接受台湾汉语国际推广的学习者这两类人居多。这些调查者认为，传统的才是正统的。涉及到差异性词汇，一则因为台湾保留了大量解放前的旧词，如"层峰"、"同僚"、"请益"、"铨选"等；二则在翻译词方面，台湾也比较讲究信、达、雅的原则，不少翻译词显得很有文化韵味。所有这些，加上较多地保留了汉字六书文化的繁体字，让一些受众认为，中国文化正统在台湾，汉语的正统也在台湾。当两岸词汇出现差异时，他们会更倾向于接受台湾的词汇。事实上，台湾在进行汉语国际推广时，也大打"正统"牌和文化牌，有的高校甚至在招生广告中都打出"学优质汉语到台湾"的口号，这无疑也左右了一些汉语国际推广受众的看法。

四是认为两岸的词汇差异就好比美式英语和英式英语的差异

一样，无所谓好坏，如果可以，都学习了解下也很好，这样到哪边都不用担心交流问题。这类调查者中还有人希望两岸在汉语国际推广过程中，能适当开设一些介绍有关两岸词汇差异的知识，或者在一些常见的、易引起不同或错误理解的词后面，同时注上另一方的差异性词汇或解释，那样就更好了。但是，他们也认为，一些无谓的差异可以尽量减少。

五是认为无所谓或者没有感觉到这种差异，在哪边学习就接受哪边的词汇。持该观点的，以初学者，特别是年轻学生居多。但据笔者分析，他们对汉语的了解还比较少，并没有感受到两岸词汇的差异及由此带来的影响，随着他们学习的深入，有些人应该会逐渐改变他们的上述看法。

第六章

两岸词汇差异的趋同与整合

　　通过前几章的分析研究，我们发现，两岸词汇的分野发展，在增加了语言差异性的同时，也为汉语词汇优劣性的比选提供了难得的实验底本。从另一个角度看，这种"花开两朵"的语言分野发展现象也是语言一种难得的"试错"或者"试劣"的生态环境和发展机会。从长远看，通过这种分野发展模式，对汉语词汇语义的演进和优化以及整个汉语趋向精确化和优质化发展不无裨益，其看似分道扬镳，实则殊途同归。他们在各自的语言环境中共同丰富和发展了汉语词汇，推动了汉语的自我淘汰和成长，共同做出了不可忽视的贡献。两岸所创造和产生的差异性词汇，也是各有长短、不可一说。但是，随着两岸交流的日益频仍，特别是汉语国际推广的逐渐繁荣，两岸语言的这种分野现象将会、也应该会不断弱化，以利交际和交流。如何在今后的发展中正视业已存在的差异，加强交流，加深合作，共同实现两岸词汇差异的最小化，笔者认为，可以从以下几个章节所述方面着手考虑。

第一节 两岸词汇的交流与融合

要实现两岸词汇差异的最小化，方便汉语使用者之间的交流，其基础性作用的途径是加强两岸间词汇的交流与融合。两岸间的词汇交流与融合的渠道畅通，不仅可以有效弥合两岸间的词汇差异，而且有利于汉语国际推广的协同推进，此外，对汉语其他语言社区间的词汇差异整合也有标杆性的示范作用。

词汇的传播交流依赖于渠道和载体。在两岸词汇的交流与融合过程中，担负起这种渠道和载体作用的，主要有四个方面：人际传播、影视歌曲的传播、学术研究的规范与推动、自媒体的超越与互动。

一、语言的人际传播

两岸词汇的交流与融合，一个最重要的途径就是人际间的直接交流与传播。由于自 1949 年后至今两岸间人员往来发展的三个阶段的特点，两岸间的词汇交流与融合也大致经历了三个阶段，即完全分野发展阶段、单向传播阶段和相互交流与融合阶段。

两岸词汇的交流与融合的前提是两岸语言的交流。没有语言的

交流，两岸间的词汇就无法交流，只能在各自的园地里沿着自己的
轨迹发展演变。因此，在 1987 年两岸正式"三通"开始前，绝少
人员之间的往来，语言交流自然无从谈起，所以，也就不存在两岸
词汇的交流与融合。从 1949 年开始到 1987 年止，两岸词汇处在一
个完全分野发展，没有交流与融合的分道扬镳状态之中。两岸词汇
的差异性，绝大多数也是在这个阶段产生的。

　　虽然大陆早在 1979 年元旦就发表了《告台湾同胞书》，但台湾
方面一直坚持"不接触、不谈判、不妥协"的"三不"立场，两岸间
仍然少有人员往来与交流。直到 1987 年下半年，蒋经国先生才宣布
开放老兵对大陆探亲以及解除"戒严"，此后，台湾当局又逐渐开放
大陆非政治性出版物的进口和翻印，放宽对两岸通邮和经贸往来的限
制。这样，两岸间大规模的人员交流才正式开启。但是，在这以后的
相当长一段时期内，两岸间的人员交流主要呈现出单向性流动，即大
陆民众赴台的情况不多，主要是台湾同胞来大陆探亲和投资。这有两
个方面的原因：一是当时两岸经济发展水平的不平衡；二是当时台湾
方面还没有放开大陆人员和资本赴台。在当时的环境下，大量的台湾
词汇伴随着台湾人员和资本，源源不断地进入大陆沿海地区，并像进
口商品一样，成为一种时髦在社会上流行渗透，即便是在偏远的内陆
地区，乡镇街道商店玻璃门上的招牌、电线杆上的小广告里，也随处
可见诸如"美容美发"、"干洗焗油"、"盛大开幕"、"秀"、"爽"
等台湾词汇"闪亮登场"。这些词汇，有的时兴一时后就慢慢被淘汰
了或被新的台湾词汇替代了，有的则慢慢进入大陆的普通话系统，成
为大陆词汇的一部分。在这一时期，也有少量大陆词汇通过返台人员

或台湾方面翻印、引进的大陆出版物进入台湾"国语"系统，但与台湾词汇进入大陆的速度和规模完全不成比例。这固然有经济因素在内，但人员往来的单向性导致词汇交流与传播的单向性还是主要原因。

这种两岸词汇交流与融合的单向性特征总体上呈现不断弱化的态势，但真正得到根本改变，则始于2008年。从2008年5月开始，台湾先后有限度地放开了大陆游客到台湾观光、大陆资本到台湾投资、大陆学生到台湾攻读学位，在台湾分别被称作"陆客"、"陆资"、"陆生"来台。这三个方面的松绑，加上"大三通"的便利，使得每年都有数百万计的大陆人员到台湾观光、投资、求学，在数量上甚至超过了来大陆的台湾人员。这样，两岸间的人员往来与交流才真正互动起来，随着大量大陆人员、资本的涌入，诸如"打的"、"B超"、"胸透"、"黄金周"、"小长假"、"红色旅游"、"给力"、"国企"、"民企"、"高考"、"一本"、"省控线"、"啃老族"、"北漂"、"屌丝"、"高富帅"、"和谐"、"中国梦"等不少大陆词汇也被带到了台湾或者为台湾业者所主动掌握。至此，两岸间的词汇交流终于进入了一个双向交流与融合的

崭新阶段。在这一阶段，两岸词汇虽然继续分野，但其分野词汇的发展规模与分野速度都较之前有了较大程度的回落，而两岸词汇的相互融合趋势则有所加速。

二、影视歌曲的传播

除人际交流的直接传播外，促进两岸词汇交流的另一个主要渠道就是影视歌曲等媒介的传播。自上个世纪 80 年代大陆改革开放之后，大量台湾电影电视、流行歌曲走进大陆民众的生活。其中的词汇也如同影视歌曲的内容一样，给大陆民众带来了全新的体验，人们在感受新鲜的同时，开始不加选择地吸收和套用，期间，诸如"明星"、"艺人"、"辣妹"、"星探"、"老板"、"拉长"、"人蛇"、"团队"、"理念"、"年薪""打工"、"拍拖"、"马杀鸡"、"写字楼"、"卡拉OK"等台湾词汇随着改革开放的春风，迅速地吹遍了神州大地。

除了从影视歌曲的内容中吸收了大量台湾词汇外，台湾方面的相关术语词汇也一同涌入了大陆。例如，"档"、"档期"、"镭射"、"数位"、"影展"、"午夜场"、"卡通片"、"选秀"、"选美"等。

在两岸交流的初期，大陆较少有词汇通过影视歌曲的渠道进入台湾，近些年，随着大陆传媒产业的发达和台湾对大陆相关产品管控的放松，也有诸如"春晚"、"超级女声"、"动画片"、"穿越剧"、"新闻联播"等越来越多的大陆词汇进入到了台湾。

近年来，两岸对海外影视歌曲的引进量都很大，因此，在引进时翻译上的差异，特别是影视作品的片名翻译差异，通过越来越便利的网络，也迅速在两岸间交互传播，成为两岸影视方面差异词汇的又一交流领域，并在两岸引起了广大观众和翻译人士的注意和比较研究及借鉴的兴趣。例如，电影"Titanic"在大陆翻译成《泰坦尼克号》，在台湾翻译成《铁达尼号》，电影"Matrix"在大陆翻译成《黑客帝国》，在台湾翻译成《骇客任务》，但是现在，两岸的不同翻译，却分别在对方也广为流传。

纵观两岸通过影视歌曲的传播而产生交流与融合的词汇，我们发现，该途径的词汇传播，有两个特点，一是传播速度快，某个词，可能就是通过一部电影、一部电视剧、一首歌曲，就迅速传遍了大街小巷，成为家喻户晓的热词。二是传播的词汇比较单一，基本上集中在影视娱乐方面，且基本上以名词为主，这与通过人际传遍带来的多样性词汇，有很大的局限性。

三、学术研究的规范与推动

两岸词汇的分野发展及差异，日益引起研究者的重视，各自差异性词汇的对照手册和词典不断得到出版，特别是 2003 年，由台湾"中华语文研习所"与北京语言大学联合编撰的《两岸现代汉语常用词典》，比较全面系统地收录了两岸常见差异性词汇，为我们进一步研究规范这些差异性词汇做了非常扎实的准备工作。在研究的不断深入和两岸交流日益密切的双重驱动下，业界也开始研究探讨有选择地逐步梳理、规范乃至统一这些差异性词汇，特别是在电脑、航海、气象等专业性比较强的领域，两岸间协同梳理、规范差异性词汇的探索已经取得了较好的成果。

笔者认为，语言词汇的发展与消亡，有其自身规律，但是在遵循规律的基础上，科学地予以规范、引导还是很有必要的，特别是对两岸这种分野发展的语言社区词汇而言，更需要加以严谨地规范。目前，两岸的相关行业委员会已分别就航海、气象、计算机等专业词汇，做出了比较详尽的差异性词汇对照和规范。未来，我们可以继续在自然科学和工业工程领域，分行业整理、编印两岸的相关领域差异性词汇，并合理地加以规范和整合。这应该成为两岸差异性词汇交流与融合"先行先试"的一个重要途径，然后我们可以在总结此前"先行先试"经验的基础上，再整合前述成果，推出比较全面的规范方案和成果。

四、自媒体的超越与互动

所谓"自媒体"（We Media），根据谢因波曼与克里斯威理斯的定义，就是"普通大众经由数字科技强化、与全球知识体系相连之后，一种开始理解普通大众如何提供与分享他们本身的事实、他们本身的新闻的途径"。目前，最为常见的自媒体有博客、微博、微信、个人日志、个人主页等，其中最有代表性的托管平台是美国的 Facebook 和 Twitter，中国的 Qzone 和 Weibo 等。自媒体以其互动性、便捷性、即时性、草根性和自主性，在各种资讯的传播上变传统媒体"点到面"模式为"点到点"模式，成为迥异于传统主流媒体的一种传播概念和渠道。

自媒体的这种超越与互动也为两岸词汇交流与融合提供了一个崭新平台和形式。自媒体的参与者凭借其超地域性和无障碍性的特点，打破了时空界限，让两个不同语言社区的人可以畅通无阻地发出了最生活化和场景化的语言信息。如果这种沟通达到了一定的量，那么其语言的社区属性就会受到很大程度的削弱，或者超越了语言社区，在相互频繁交流的自媒体范围内形成一个新的统一的网络语言社区。他们凭借发达的网络，可以无时差、无地域地交换彼此所在的现实语言社区内的各种语言信息和生成模式，同时还可以在自媒体上，共同产生有别于现实社区语言的新的语言范式。我们通常所说的网络语言就是这种新的语言范式的典型代表。这种新的语言范式，自媒体交际圈之外的人，即便与其属于同一个语言社区，也会无法理解或者无法完全理解。但是，自媒体交际圈内的人，即便不属于同一个语言社区，也可以互通有无，毫无障碍。特别需要指出的是，这些在自媒体上产生和使用的语言范式，还会被使用者带到现实的语言社区中去，对语言社区内的现有语言范式进行补充或者造成冲击。如果这种状态持续得到加强的话，其影响将是不可低估的。

如上所述，结合两岸自媒体的交流现状，我们认为，随着两岸自媒体的发达及互动性的不断增强，未来两岸自媒体的交际，将会对两岸汉语词汇产生以下三个方面的影响：一是自媒体的超越语言社区属性，将使得未来两岸新词汇的同质性增强，差异性减弱，进而对两岸整个词汇的差异率起到一定的稀释作用。二是自媒体内部词汇的发育及其自身的语言范式，将在对两岸社区语言系统予以丰富的同时，也形成一定的侵蚀压力，特别是对该语言社区内其他群体的语言交际有一定的障碍性影响。三是两岸各自语言社区群体在自媒体上的频繁互动，对既有差异性词汇将起到一个加速传播的作用，这将有利于操自媒体交流群体对两岸差异性词汇的接触和掌握，对两岸语言词汇，特别是差异性词汇的交流不无裨益。

第二节 两岸差异性词汇的
语言竞争力分析

在前面章节里我们对两岸词汇差异的影响作了详细分析。那么，抛开外在的政治、经济因素不谈，在语言内，两岸这些差异性词汇孰"优"孰"劣"呢？也就是说哪个词汇更具有竞争优势呢？这就是我们要讨论的语言词汇的竞争力问题。

我们常说，词汇是语言的建筑材料，是我们学习语言的基础。就词汇的地位而言，胡明扬认为"语言说到底是由词语组合而成的，语音是词语的具体读音的综合，语法是词语的具体的用法的概括，离开了词语也就没有语言可言"。周祖谟先生也曾说："词汇教学是要贯穿全部教程里的。要有系统有计划地加以布置。"如果没有一定的词汇量做基础，要学会一门语言是不可想象的。特别是以表意为主要特征的汉语，词汇在语言学习中更是占据着极为重要的地位。没有一定量的词汇做基础，不仅在语言交流中显得贫乏，而且对把握和运用汉语词汇构成系统也是一大障碍，而这恰是我们准确理解语义、合理推测生词，体系把握词汇规律，甚至创造、选用新词所必须掌握的基本词汇知识要求。

单从一个具体词汇看，它有"词素义——常用义——临时语用义"三个逐渐发散的层面。如果把所有词汇作为一个整体系统去看的话，它们也有类似上述三个层面的结构图式，我们不妨称为"核心词汇——亲缘词汇——关联词汇"图式。在这个图式里，以核心词汇为基础，通过近义、反义、对比、上下义等关系组成更大的词汇团体，即亲缘词汇。在亲缘词汇的外围，则分布着形形色色的、零散不成系统的关联词汇。所有这些词汇，就构成了汉语的整个词汇系统。如果我们在产生新词时没有或者忽略了对现代汉语词汇和词汇理论的足够理解和重视，那么所产生的新词就有可能游离到上述图示之外，或者与其他关联词汇规则不统一。这样的词汇对学习者来说，掌握起来可能就会非常吃力和低效，对整个语言的学习也是非常不利的，其词汇自身的竞争力自然就不高。

就两岸差异性词汇而言，其语言竞争力强弱可以从两个方面去考察。一是从专业角度去考察其词汇的理据性和关联性。二是从接受角度去考察学习者对其易晓性、易记性的反馈评价。其实，这两个方面也是相通的。一般来说，如果一个词汇具有较强的理据性和关联性，那么其就容易为学习者知晓词义和便于记忆。反之亦然，如果学习者多认为某个词汇比较好认和好记，那么该词汇在理据性和关联性上亦多有上佳表现。

为更好地揭示两岸常见差异性词汇的语言竞争力强弱，我们综合了上述两个考察角度推出了一个比较系统的调查评价方案。

首先，我们根据词汇的来源和特点，将差异性词汇分作两大类进行调查考察，一类是翻译词汇；另一类是其他各种非翻译词汇，我们姑且将其定义为"内生词"。

其次，为保证调查考察结果的客观性，避免感情因素的干扰，我们在被调查者的选择上也作了较多考虑，一是大陆和台湾普通人士均不选作被调查对象，而是对等选择相同数量的大陆汉语国际推广教师和台湾汉语国际推广教师作为被调查对象，保证了被调查对象的专业比例；二是尽量选用外籍人士和华人华侨人士作为被调查对象；三是所选被调查对象均要求汉语水平达到中高级以上，以保证能顺利接受调查和准确理解词义；四是在可能的情况下尽量选择具有接受过大陆和台湾汉语教学双重经历的人作为被调查对象，并对其进行深度访谈。

再次，在差异词汇的选择上，除按前述分作翻译词和内生词两大类外，还遵循以下两个原则：一是对等常见原则。所谓对等常见原则，就是所选用的差异性词汇，在两岸都是常见常用词汇，尤其注重选用两岸在汉语国际推广中均作为大纲词汇使用的差异性词汇；二是均衡分布原则，即根据同形异义词、同义异形词、翻译词三类在整个差异性词汇中所占大概比例，合理选用了三类差异性词汇，以便更好地考察清楚一组同形异义词，哪个更能完整准确地概括所描述的事物或现象；一组同义异形词，哪个更易识易记、理据性更强、更准确形象、更朗朗上口；同一个外语单词，哪个翻译得更准确、达意、优美。

最后，在完成调查考察之后，我们不仅统计出被调查者对每个、每类词汇的反馈数据，而且还结合合理据性、关联性、易晓性、易记性等词汇学知识,对反馈结果进行谨慎分析,希图揭示前述差异性词汇的两个考察角度之间的关联性和一致性,并力求对调查结果给出一个接近事实的合理解释。

在翻译词方面:我们分别分人名、地名等专有名词翻译词和一般词汇翻译词两部分,分别选了 10 个和 20 个有代表性的词汇做成了问卷调查表,在美国、巴西、英国、法国、西班牙、葡萄牙、意大利、日本、韩国、印度、澳大利亚等 11 个国家,涵盖了美、欧、亚、澳四大洲的 30 名外籍学生中及 10 名大陆籍汉语国际推广教师、10 名台湾籍汉语国际推广教师和 10 名海外华人华侨中进行了调查问卷,看大陆译词和台湾译词哪个更为人们所接受和喜爱。(为便于统计,对一些无效问卷或未收回的问卷,我们采取了重新物色同类别调查对象进行补充调查的方法,以保证调查对象的比例。)在调查问卷的同时,我们还对部分既接受过台湾的汉语教育又接受过大陆的汉语教育的被调查者的接受喜好进行了了解。根据问卷调查表的统计分析,发现下面几个现象。

在人名、地名、影视剧本名等专有名词翻译上,认为台湾的译词更有优越性的平均为 37 人 / 词,占比 61.7%,其中,人名译词的这一比例高达 75%,远高于大陆。这与台湾在人名、地名等的翻译上注重音意相结合,讲究一词传神不无关系。特别是在人名翻译上,台湾倾向于汉化,譬如使用汉姓、人名译名一般不超过三个字等更受被调查者所认同。通过调查我们发现,外国人更喜欢这样更为简洁的中国化译名,甚至就将此作为他们的中文名字,而不太喜欢大陆那种逐个音节直接音译的人名。在地名上也是如此,譬如

"Georgetown"一词，大陆译作"乔治敦"，台湾译作"乔治城"，相对于大陆，台湾不仅译出了"音"，而且译出了"意"，明显胜大陆一筹。在 60 份调查问卷中，共有 53 人选择了台湾的"乔治城"。台湾在专有名词翻译上所显示出来的较强竞争力及其所遵循的翻译准则应该值得我们重视。当然，也有例外的，例如，对澳大利亚首都"Sydney"的翻译上，调查者多认为大陆的"悉尼"要比台湾的"雪梨"好，觉得后者放在在汉语中非常容易引起歧义，尤其是华人华侨均持此意。

在一般词汇翻译上，情况要比专有名词复杂。看单个词，竞争力强弱很容易区分，但总体来看，则相互交错，互有优势。但笔者细细比较了一下发现一个有意思的特点，就是同一个外来词，当双方都译为双音节词时，认为大陆译词要比台湾译词更优越的比例要明显高于台湾，占到总数的 66.7%。而在多音节译词上，台湾要略优于大陆，其获选比例为 56.7%。就总体而言，一般词汇的翻译上，大陆略胜一筹。部分受访的调查者认为，大陆的译词更容易理解，类推性比较强。台湾的译词则比较易于记忆。我们认为，大陆在一般词汇翻译上略占上风的原因与大陆在这类译词上注重意译，突出译词的性质和功能有关，尤其是在日语词翻译上，这一优势更为明显。虽然台湾受日语影响较大陆要深远得多，但在日语词翻译上却多逊于大陆。譬如"弁当（べんとう）"一词，大陆译为"盒饭"，台湾译为"便当"，被调查者中，选择前者的有 49 人，占了 81.7%。

在内生词方面，我们又分同形异义词和同义异形词设计了两种问卷调查表。在同形异义词问卷中，我们选了 20 个涵盖了各领域的比较有代表性的差异性同形异义词，分别注上大陆和台湾的各自差别性义项（其中的共同义项未予列出），让被调查者根据词汇的理据性、规律性、准确性、形象性、搭配能力、文化色彩、音节韵律、识记使用等知识，判断该词更应该具备哪种义项。在同义异形词问卷中，我们选择了 20 组比较典型、常用的两岸差异性词汇，也是让被调查者根据词汇的理据性、规律性、准确性、形象性、搭配能力、文化色彩、音节韵律、识记使用等知识，判断各组词中，哪个词更有竞争力。我们将上述两种设计好的调查问卷分别在大陆、台湾和海外对不同国别的汉语国际推广对象及外籍汉语国际推广教师、华人华侨中进行了问卷调查，考虑到内生词词义的复杂性，我们也选了 10 名汉语国际推广专业的中国硕士生进行了问卷调查。在整个调查中，我们还对部分调查对象进行了口头采访，了解其对两岸差异词汇的反应。在这次问卷调查中，我们尽量选择既受过台湾的汉语国际推广教育又受过大陆的汉语国际推广教育的学生或对两岸词汇差异有一定了解的学生或教师作为被调查对象。在收回来的 32 份有效调查问卷中，符合上述条件的被调查者为 18 人。

通过问卷调查，我们发现，在同形异义词方面，大陆的义项整体较占优势，平均获选比例约为 62.5%，如果进一步分析，更能发现，在扩大、引申词汇义项方面，大陆的优势更为明显，获选比例平均高达 75%。这说明，大陆对固有词汇的词义扩大引申上比较注重理据性和关联性。但也有例外，例如，"矛盾"一词，两岸均可指两个完全相反的事物、现象或言论。但在大陆，还引申指因意见分歧或物质纠葛而引起的思想或行动上的对抗。这一引申义项，在台湾则由"冲突"一词承担了。在被调查者中，有68.8%的人认为大陆对"矛盾"的引申义项不如台湾的"冲突"一词准确。

在同义异形词方面，情况最为复杂，基本上是一半对一半，较难从整体上分出高下，这也反映了两岸在词汇选用的各有千秋，各有弊端，不可轻易取舍。如果再深入分析下去，大陆的社区词较台湾的社区词更为严谨和准确。台湾的词汇则更为形象生动。对由方言词的共同化而产生的同义异形词方面，台湾的准入门槛也显得过低，大量过于口语化、地方化的词汇进入了普通词汇系统，在被调查者中反映不是很好。此外，还有部分受访者反映大陆的缩略词过多过滥，对不熟悉具体背景的外国人来说，理解起来较为困难。当然，台湾的缩略词反映也不佳。这提醒我们，在缩略词上应该更为谨慎。总体来说，两岸同义异形词不宜简单划分出优劣，有待进一步调查分析。

需要说明的是，限于条件和精力，我们这次的调查样本不是很多，虽然我们已经考虑了方方面面的因素，譬如尽量选择不同国别、性别、年龄、学习背景的人作为调查对象，但因总量较小，代表性仍然不能保证。此外，判断差异性词汇的优劣和竞争力强弱，涉及到很多语言学上的专业知识，这对一个外国学习者来说有较高的难度。虽然我们在调查时已经对其进行了详细的讲解，而且尽量选择汉语水平处于中高级阶段的学习者作为调查对象，但在实际调查中，仍有一部分被调查者仍然是凭个人感觉和喜好来选择。当然，也不可否认，他们在潜意识里也或多或少地运用了一些语言学上的知识，但与我们的初衷还是有一定的距离。所有这些不足以及由此引起的偏差乃至谬误，只能留待我们以后予以纠正。

第三节　两岸差异性词汇的
"求同"与"存异"

　　前面我们综合分析了两岸差异性词汇的语言内的竞争力强弱。那么，在实际运作中，两岸又该如何合理应对这些差异性词汇呢？笔者认为，可以同时采取"求同"和"存异"两个路径。即，对一方有压倒性竞争力优势的词汇，两岸应该采取"求同"的方法，主动去采用有优势的词汇，摒弃或者慎用不具优势的词汇。对一方优势不明显或各有特色的差异性词汇，可以"存异"，让其自然发展，等待更好的时机和条件去解决。

　　在两岸差异性词汇中，有些词汇或在构词理据性上、或在使用者的认可度上、或在词汇的发展趋势上，某一方存在明显的、甚至压倒性的优势，显示出比较强的竞争力。而在实际交际使用中，另一方可以慢慢放弃了自己的词汇而改采他方词汇。譬如说，"computer"这个词，大陆最早的叫法是"计算机"，而台湾则叫"电脑"。随着 IT 行业的不断更新进步，"计算机"一词明显不能涵盖"computer"的功用了，而"电脑"一词则显示出了对 IT 新技术的无限包容性，其优越性也逐渐显现出来了。所以现在，大陆也基本上采用了"电脑"一词，但在有些相对比较正式的场合，仍然在沿用"计算机"的叫法。譬如，高校里有"计算机系"，就不叫"电脑系"。再如"cartoon"一词，最早大陆意译为"动画"，台湾音译为"卡通"，应该说是互有优势，都比较流行，"卡通"甚至更胜一筹。但是，随着1997年大陆新造出"动漫"一词和近些年动漫产业的迅速崛起，"动画"、"漫画"、"动漫"就很快构成了一个小的语族，"动画"一词，也凭借两岸固有的旧词"漫画"和新锐词汇"动漫"的影响力而迅速提升了自己的竞争力，构词理据性更显突出，在与"卡通"的竞争中也就渐占上风，日渐为受众所认可。我们认为，在汉语国际推广中，对这样的词汇，我们不妨尊重规律、尊重现实、尊重受众，适时调整用于汉语国际推广的词汇大纲，主动借鉴对方词汇，大胆"求同"。这样不仅方便汉语国际推广的受众，也有利于整个汉语国际推广事业以及两岸民众的交流互动。

相对于前述那些实力不对称的差异性词汇，有些两岸差异性词汇却旗鼓相当，不分伯仲。有的在构词理据性上显示出优越性，有的在接受程度上更胜一筹，有的在词汇演进趋势中更显优势。譬如，"marketing"这个英语单词，大陆翻译成"营销"，台湾翻译成"行销"。两者都是对销售过程中企划与执行两个环节的综合概况，前者更倾向于理念，后者更注重于行动。互有优势。对这样的差异性词汇，人为地舍弃或无视任何一方，都不太合适。对此，我们不妨允许"存异"，采用优势互补的方式来处理，让其自然发展，物竞天择。即一方在汉语国际推广中向受众展示、教授自己词汇的同时，也介绍下另一方对应的差异性词汇。这是"存异"的情况之一。其二，有些词汇或词汇义项背后，还附着了一些非语言因素在上面，或者打上了特定年代的特殊印记，其本身已经包含了一定的文化意义和时代记忆。譬如"臭老九"一词，反映了大陆在当年那个非常年代对知识分子，尤其是教师的错误认识和对待，已经成为那个时代的一个标签性词汇。这样的词汇或词汇义项，即便在语言要素层面上没什么竞争力，但考虑到其历史文化的传承意义，我们可以不用于汉语国际推广，但应该予以保留。

差异性词汇的这种优势互补，比简单的取舍不仅显得更为慎重，也为受众展示了汉语的多样性及其背后的文化意义。譬如我们去一家华人公司，如果他们公司里挂着的是"营销部"，则基本上可以推定这是一家大陆企业；如果门上挂的是"行销部"，则大概可以看出这是一家台资企业。同时，学习者在比较、领悟了两者的差异后，对准确理解词义，也是不无裨益的。

第四节　两岸差异性词汇
的整合路径展望

　　"冰冻三尺非一日之寒"，两岸的词汇差异，也不是一天两天形成的。要在短期内消弭这种差异，显然不现实，也不符合语言发展的自然规律。但是我们也不能听之任之，让差异度持续扩大。比较可取的办法应该是正视差异现实，尊重语言规律，科学论证，分步整合，将两岸的词汇差异管控在一个合理的区间内。在具体操作上，我们认为，可以按照先易后难的渐进式、可行性原则，在尊重两岸已有差异现状的基础上，采取政府推动、学术主导、规划先行、逐步整合的方式，探索两岸携手整合差异性词汇的合理路径。

　　首先，在工作机制上，可以由政府来牵头推动实施，通过两岸协商，联合成立一个官方或半官方的海峡两岸差异性词汇整合委员会，负责两岸差异性词汇的梳理统计、调研论证、整合建议等的规划和推进工作。委员会下设若干工作组和分行业类别的分会。委员会的成员主要由相关语言学、教育学专家组成，分会成员主要由该专业领域的专家和相关研究学者组成。

　　其次，在业务开展上，委员会及下设机构可以从以下几个方面展开：一是创立专业的研究刊物，定期发布相关研究理论、整理成果和工作动态。二是在调查梳理的基础上，分批汇编两岸差异性词汇大辞典，供以后的进一步调研、整合做准备。三是建立一个开放式的两岸差异性词汇共时性语料库，为相关研究提供较完整的语言素材和词汇使用上的词频统计。四是对差异性词汇分类、分批地进行田野调查和测试，逐组考察差异性词汇的各自语言竞争力，并结合相关语言学知识加以专业论证，为今后的词汇整合提供理论依据。五是对避免不了的新增差异性词汇，由委员会的两岸专家分别负责统计整理，并定期在前述研究刊物上，或者以单行本的形式予以公布和界定。六是在上述工作基础上，向两岸主管机构提交相关研究成果和差异性词汇的整合建议。

再次，在整合安排上，可以根据可操作性和工作的轻重缓急，从以下几个方面逐步展开。

一是由委员会牵头制定统一的翻译标准，争取做到一词一译，尽快在翻译新词上杜绝差异性词汇的再产生。相对于内生词，翻译词基本上不带有感情色彩和社会政治背景，词汇背后的非语言意义较少，其差异完全是两岸所持的翻译理念和标准不一样造成的，属于技术层面的问题。因此，在翻译词上两岸完全可以先行先试，在海峡两岸差异性词汇整合委员会下设一个类似两岸翻译标准统一促进会的组织，并分三步开展工作：首先是共同分析研究两岸翻译理念和标准的差异与优劣性，探讨制定统一的翻译标准。其次是建立一个两岸共享的动态翻译新词词库，在今后的翻译中两岸共同采用新标准，统一新产生的翻译词汇，所有新词即时进入词库。同时，按照双方事先约定的周期，一方先行翻译的新词，要及时知照对方，然后由双方定期刊出两岸翻译新词表。最后，对先前已有翻译词汇，双方可以按照前述标准进行梳理取舍，淘汰一些明显不具备优势的差异性翻译词汇，尽量缩小词汇差异率，对那些一时难分优劣的差异性词汇，可以"存异"，并将这些留存下来的差异性词汇分类编印成册，以备查对。

二是在语言的对外推广方面，两岸汉语国际推广机构可加强沟通和交流，在海峡两岸差异性词汇整合委员会下面探讨成立一个两岸汉语国际推广统一促进委员会，先行统计出两岸用于汉语国际推广的大纲词汇中的差异性词汇，综合考虑这些词汇的语言内竞争力强弱、词频权重、感情色彩、两岸语言生态现状等要素，合理进行整合统一。俟条件成熟后，探索制定两岸统一的汉语国际推广词汇大纲。今后双方在汉语国际推广、等级考试、教材编写上均依此而行，争取在汉语的对外交流和推广方面做到一个标准对外，即统一目标、统一标准、统一大纲、统一内容、统一施测，并在此基础上探讨两岸统一进行汉语国际推广的可能性，争取在语言的对外交流和推广上率先实现两岸统一。

三是在语言的两岸间交流上，可以先从技术性较强的领域，如航海、航空、气象、交通、电信等工程技术领域的差异性词汇展开，探讨一个求同存异的差异性词汇整合试点，摸索经验，化解问题，逐步向其他领域的词汇铺开，稳步推进两岸差异性词汇的整合。

四是在前面工作的基础上，还可以适时将整合工作扩展开来，合力梳理两岸包括已有差异性词汇在内的语音、词汇、语法等各副语言要素上的差异，并根据优势互补和求同存异的原则，对这些差异进行整合和取舍，尽量减少两岸词汇等副语言要素的差异率。争取早日实现"同一个中国，同一个汉语"，让语言更好地服务于两岸间的交际和国际间的交流。

第七章

两岸网络词汇及差异性初探

　　在谈论网络词汇前，先要界定一个概念，就是"网络语言"。所谓网络语言，于根元先生在其主编的《中国网络语言词典》中定义为："'网语'是互联网的产物。在网络日益普及的虚拟空间里，人们表达思想、情感的方式也应与现实生活中的表达习惯有所不同，于是有的人创造出令人新奇也令人愤怒和不懂的'网语'。大部分'网语'是网民为提高输入速度，对一些汉语和英语词汇进行改造，对文字、图片、符号等随意链接和镶嵌。从规范的语言表达方式来看，'网语'中的汉字、数字、英文字母混杂在一起使用，会出现一些怪字、错字、别字，完全是病句。但是在网络中，它却是深受网民喜爱的正宗语言。"那么，网络词汇，是否就是网络语言所使用的词汇呢？我们认为，不能这样类推。

　　网络词汇，我们可以简单地定义为伴随互联网而诞生或流行的词汇。从类型上看，它可以分为三个方面：一是与网络及相应的软硬件有关的专业词汇，我们可以称之为网络专业词汇，这类词汇以新词为主。譬如"论坛"、"QQ群"、"带宽"、"网络"、"网速"、"网警"、"路由器"、"病毒"、"鼠标"等；二是借助网络而风行的词汇，我们可以称之为网络流行词汇，这类词汇大多本是生活中的普通词汇，但是通过网路这一媒介，迅速蹿红并赋予了新的内涵。譬如"犀利哥"、"房婶"、"表叔"、"俯卧撑"、"打酱油"、"查水表"、"元芳"、"屌丝"、"北漂"、"蚁族"等。三是由网民在网络交际过程中创造并广泛使用的一类由汉字、字母、数字及其他符号单独或彼此组合而成的新兴词汇，我们可以称之为网络社区词汇，这类词汇发源于网络，并主要在网络上和网民间传播和使用，少数特别流行的词汇也会从网络走向现实生活。譬如"楼主"、"沙发"、"斑竹"、"大虾"、"板砖"、"水贴"、"果酱"、"MM"、"BT"、"886"、"3KU"、"zt4"、"郁闷ing"、"78小"、"Orz"、"囧rz"、"3H学生"等。

从以上分析可以看出，网络语言，其实就是第三类网络词汇，即网络社区词汇。

上述这三类词汇有一些比较明显的区别特征：网络专业词汇产生于现实生活之中，多由信息领域的专业人士命名或确认，在生活中和网路上都可以自由使用，较少歧义，为传统语言学界所接受。网络流行词汇产生于现实生活之中，常因某一热点事件而经由网络蹿红并常赋予新意，最后又回到现实生活中继续流行，社会接受程度较高。网络社区词发轫于网络，流行于网络，在网民圈子中有较高的认可度，但是网络之外的人常常不知所云，大多数词汇不为主流语言学界所承认。其具体表现如下表：

词汇类别	词汇来源	使用范围	接受程度
网络专业词汇	现实生活	现实生活、网络社区	高，为传统语言学界所接受
网络流行词汇	现实生活	现实生活→网络社区→现实生活	较高，为社会大众所接受
网络社区词汇	网络社区	网络社区	较低，基本流行于网络社区

网络专业词汇，因为其定义的明确性、使用的严谨性和本身的专业性，特别是基本上不属于网民自己的参与性创造，所以虽是跟网络有关的词汇，但却可以归为现实生活词汇，或者说与现实生活词汇差别不大。所以有些文章在讨论网络词汇时，对这类词汇常不予考虑，重点只讨论网络流行词汇和网络社区词汇。为给读者呈现一个较为完成的两岸网络词汇的差异，本文对网络专业词汇也将辟一个章节予以讨论。

第一节　网络词汇兴盛的原因

网络词汇的兴起和繁荣，并不是偶然，而是有着一系列复杂的语言学、社会学、经济学、信息技术学等因素。但从大的方面来看，有以下四个方面的主要原因：

一、现代化生活节奏和沟通需求是网络词汇产生的内在需求

现代都市社会里，生活节奏和资讯沟通的快速化，使得人们对时间和速度的要求非常高，客观上需要有一套与之相适应的语言系统来为其便捷化的交流服务。网络的出现，顺应了人们对沟通效率的高要求，但是，正常的语言系统，无论是在表述的简洁性上，还是文字的录入速度上，都不能跟网络自身的速度相匹配。因此，为了提高信息的输入速度，节约沟通时间，同时也为节约上网费用，广大网民在不降低交际值（交际到位的程度）的前提下，通过对传统汉语词汇及句式的改造，辅以英语、字母、拼音、数字、符号及其缩略组合和谐音、谐意及比喻联想而产生出自己独有的一套语言交际系统，这就是网络社区词汇。同时，快节奏的生活方式，使人

们没有更多的时间去遣词造句，去个性化地表达自己对某一现象或事物的感受，那么，一段时期内，广为人知的标准化流行语就成了人们表情达意，产生感情共鸣的重要媒介，譬如，用"屌丝"来自嘲自己的尴尬而无奈的卑微处境，用"××帝"来表达对在某方面达到极致的人物的一种评价等，这些词汇虽然诞生于线下，但却在线上频繁使用，成为广大网民间感情碰撞的不二用词和网络交际的重要流行词汇。所以说，网络词汇的兴盛，归根到底，还是现代快速生活节奏和沟通需求的产物。

二、电脑的普及壮大了网络语言的使用群体

虽然就目前的情况看，无论是网络流行词汇还是网络社区词汇，都还难以视作规范的现代汉语词汇，或者说还不能为规范的现代汉语词汇所接纳和认可。但是，一则语言词汇本身就有一个约定俗成性。在没有路的地方，走的人多了，也会形成路的。即便是不规范的词汇，大家都这么说，时间长了也就"被规范"了。二则近年来，随着计算机、智能手机的普及和相关配套技术的成熟，两岸网民（中国互联网络信息中心〔CNNIC〕对网民的定义为：平均每周使用互联网至少1小时的6周岁以上中国公民）数量都呈现出爆发式增长，网民规模的急速壮大和网络社区的急速扩张，必然会让网络词汇的影响力得以充分展现，并不断向网络社区外渗透和传播。网络词汇凭借其近年来网民人多势众的优势，正以蚕食鲸吞的方式渗透到汉语词汇的每一个角落。

我们先看大陆方面，据中国互联网络信息中心（CNNIC）的统计，截至 2005 年 12 月底，大陆网民数量为 1.11 亿，互联网的普及率约为 8.5%，尚未突破 10%，但是，截至 2012 年 12 月底，我国网民规模已达到 5.64 亿，全年共计新增网民 5090 万人。互联网普及率超过 40%，达到 42.1%。网民数量开始逼近国民的半数。京沪等发达地方则已占到 70% 左右。短短七年时间，大陆的网民数量呈现出了爆发式增长，互联网普及率年均提升速度达到 4.8%，特别是在 2008、2009 这两年，网民年增长量都接近 0.9 亿，增长率更是分别高达 6.6%、6.3%，增长规模之大、速度之快令人咋舌，2010 年之后，增长速度虽然趋缓，但是由于基数的庞大，绝对增长量仍然很惊人。

下图为 2005 年至 2012 年中国大陆网民数及互联网普及率情况：

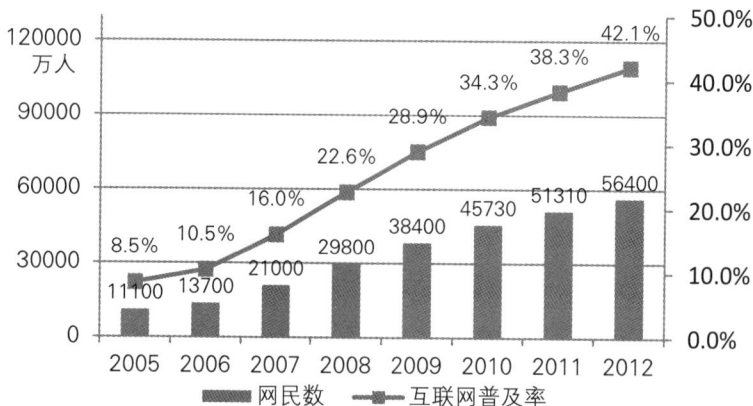

从表中我们可以很明显地看出，大陆网民数量和年增长量都呈节节攀升之势，其网民数量占据甚至超过总人口半数应该也就是两

三年内的事情了。在这个时候，如果我们还忽略在如此庞大的群体中所流行的语言词汇，显然是与语言的主流趋势背道而驰，不符合语言发展的实际状况。

我们再看台湾方面，据台湾媒体报道，根据台湾网络资讯中心（TWNIC）2012 年 7 月 9 日公布的 2012 年上半年《台湾宽频网路使用调查》报告指出，截至 2012 年 5 月 27 日，台湾的上网人口达到 1753 万，互联网普及率达到 75.44%，在高普及率的基础上较上年度再次增长 3.4%，显示出网络世界的巨大吸引力，同时也预示着未来网络社区的高覆盖率。台湾网络社区的发展轨迹及所达到的程度对大陆的网路社区发展无疑是一个很好的参照。如果按照台湾目前的互联网普及率来看，假设大陆将来也达到这一水平，那么大陆整个网民的规模更是惊人！

下图为 2005 年至 2012 年台湾网民数及互联网普及率情况表：

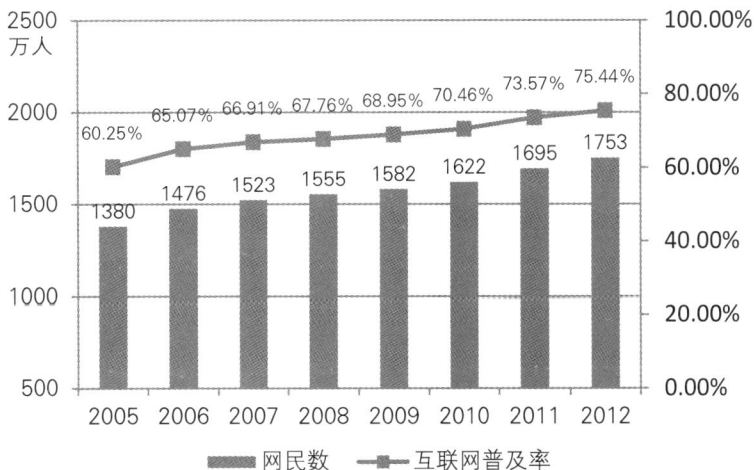

从上图中我们可以看出，台湾网民数量和占比，从 2005 年至今，仍然在高普及率的基础上继续节节攀升，让我们在看到网络在我们生活中不可或缺的同时，更应该看到网民的巨大影响力，包括其对所使用的语言词汇的巨大影响力，这更提示我们，应该以更大的热情和勇气去直面和重视网络词汇的发展状况和对整个汉语词汇的积极影响和巨大冲击。

三、无线技术的成熟打破了网络语言的使用限制

还有一个值得注意的现象是，近年来，随着手机的智能化水平不断提高和手机终端的无线上网技术的日臻完善，在网民当中，手机终端的使用率不断抬升，手机网民增长迅猛，并迅速超越了传统台式电脑网民。据中国互联网络信息中心（CNNIC）的统计，截至 2012 年 12 月底，中国大陆手机网民规模为 4.2 亿，较上年底增加约 6440 万人，较一年前增长 18%。网民中使用手机上网的人群占比由上年底的 69.3% 提升至 74.5%，并首次超越使用台式电脑接入互联网的网民。

手机上网的快速普及对网络语言，特别是网络词汇发展的重要意义在于：首先，它打破了网络语言使用上的空间限制。之前只能在固定了空间的台式机前上网使用网络语言，现在网民则可以凭借无线上网的智能手机，随时随地地使用网络语言进行沟通交流，让网络语言的使用空间，乃至生存空间得到无限释放，进一步抬升了网络语言的使用范围和使用频率，增强了网络语言的影响力和辐射

力。其次,它丰富了网络语言使用上的平台应用。无线上网的普及,让手机微博、微信等平台功能得到最大限度的发挥。一机在手,即可随时随地地参与网络社区语言的发展和变化,特别是在年轻一代人中,网络语言已然成为一种新兴的最为重要语言群落,各种最新的网络词汇也多从这里产生。再次,它扩大了网络语言使用上的受众对象。手机终端上网技术的成熟及相关产品和服务费用的持续走低,让很多穷乡僻壤的村民、进城务工人员、城市边缘人群等过去网络接入、终端获取不甚便捷的人群也享受到了网络时代的魅力,他们在接受网络世界的同时,毫无疑问也受到了网络语言的带来的全新冲击和体验。他们可能还不怎么会参与网络语言的创造,但却是网络语言的实实在在的受众,一些活跃在网络社区的流行词汇,现在对他们来说也已不再像过去的"火星文"那么陌生了。

中国手机网民规模及其占网民比例

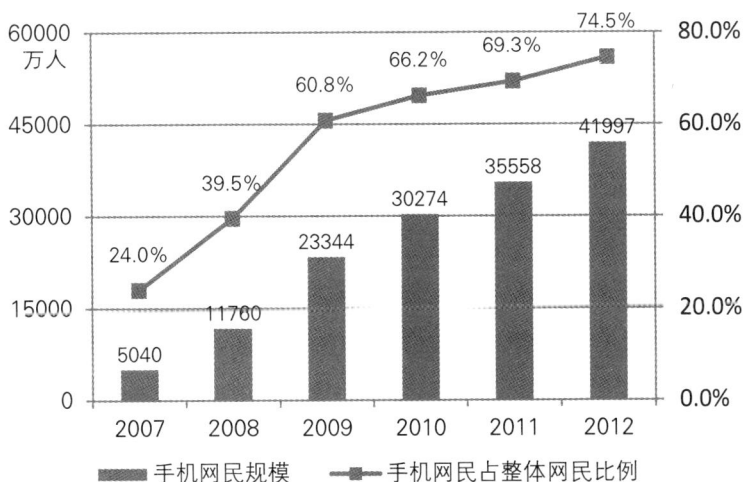

图例:
- 手机网民规模
- 手机网民占整体网民比例

数据(手机网民规模,万人):
- 2007: 5040 (24.0%)
- 2008: 11760 (39.5%)
- 2009: 23344 (60.8%)
- 2010: 30274 (66.2%)
- 2011: 35558 (69.3%)
- 2012: 41997 (74.5%)

四、商业利益的驱动催生了网络语言的繁荣

利益驱动是事物发展的最大动力，网络语言的发展也不例外。伴随着网络技术的成熟和网络终端的普及，网络电子商务市场（包括 B2C 及 B2B 模式）也在不断发展壮大。据统计，大陆网络商务市场总量在 2008 年底已达到 1300 亿元人民币，并进入到一个爆发式增长的通道，到 2012 年就已快速成长至近 8000 亿元，年复合成长率高达八成。台湾 B2C 电子商务规模市场 2008 年底达到 1678 亿元，至 2012 年预计有近 3000 亿元的规模。网络电商在蓬勃发展，赚得盆满钵满的时候，其必然要顺应网民的各种消费需求和习惯，包括他们所使用的语言词汇范式，这是利益驱使的使然，就好比菜场买菜的外地大妈必须要学会当地方言一样。网络电商在商业利益的驱动下，不仅毫无选择地接受了网络语言，而且还参与到网络语言的发展中来，共同催生了网络语言的繁荣。例如，风行一时的"淘宝体"就是由大陆最大的网络购物网站——淘宝网产生并流行开来。

余秋雨先生曾言，语言不是一个静止的金色池塘，而是一条奔腾的大河。它时刻都在更新变化。网络词汇的出现亦是如此，它是这条奔腾不息的大河里的重要一脉，我们无法忽视它的存在，更不能视为洪水猛兽加以强行阻挡和限制，而应该从尊重语言发展趋势的基础上合理引导它顺流而下，让它在自己的河道里自由奔腾。有人说，网络用语就像是泳装，我们不能穿着泳装去参加晚会，只是说明穿错了衣服，不能说明泳装污染了我们的衣着。对网络词汇的态度，我想亦可作如是观。

第二节　两岸网络专业词汇的差异

前文已经提到,网络专业词汇与网络流行词汇及网络社区词汇不同,一个最显著的特点是,它较少是由网民创造,而更多是由相关领域的专业人士及语言专家命名,有较高的严谨性。同时,网络及其配套的软硬件作为一类新事物,普通民众对它们的了解还不是很全面深入,在日常生活中,这一类词汇还具有较强的专业性。最后,由于两岸之前在这些方面交流的不畅和对其的理解也不尽相同,虽然两岸网络专业词汇都具有较高的严谨性和较强的专业性,但是,在具体命名上还是显示出了较多的差异性。

我们先看一些较为常见的两岸网络专业词汇的差异对照:

大陆词汇	台湾词汇	备　注
网络	網路	Network
主页	首頁	Homepage
计算机	電腦	Computer
信息	資訊	Information
软件	軟體	Software

（续表）

大陆词汇	台湾词汇	备　注
硬件	硬體	Hardware
C／D 盘	C／D 槽	C／D disk
U 盘	隨身碟	U-Disk
硬盘	硬碟	Hardware
磁盘／光盘	磁碟／光碟	Disk／Disc
博客	部落格	Blog
鼠标	滑鼠	Mouse
程序	程式	Program
死机	當機	Freeze
卸载	解除安裝	Uninstall
文件夹	檔案夾	Folder
服务器	伺服器	Proxy server
笔记本电脑	筆電	Laptop computer
台式机	桌機	Desktop computer
拨号工具	撥號器	Dialer
域名	網域	Domain
链接	鏈結	Link
登录	登入	Login
退出／注销	登出	Logout
收藏	我的最愛	Collect

（续表）

大陆词汇	台湾词汇	备　注
刷新	重新整理	Refresh
网上邻居	網路上的芳鄰	Network place
访问	造訪	Visit
浏览／查看	檢視	View
广告展示	廣告曝光	Ad impressions
搜索	搜尋	Search（例如 Google 在台湾的按钮就是"搜尋"）
上传	上載	Upload
关键词	關鍵字	Keyword
社区	社群	Community
撤销	復原	Undo
剪切	剪下	Cut
粘贴	貼上	Paste
脱机工作	離線工作	Off-line working
端口	連接埠	Port
驱动器	磁碟機	Drive
短信	簡訊	Short message

从以上网络专业词汇的列表中，我们能发现两岸存在以下几个

方面的显著差异或特征。

一是台湾在网络专业词汇的选用上，仍然有偏爱旧词的习惯，较大陆词语要"文"一些。例如，上表中的"造访"、"检视"、"搜寻"、"连接埠"等，都较大陆的"访问"、"浏览／查看"、"搜索"、"端口"等要文雅古旧些。

二是台湾在成对出现的网络专业词汇的翻译上，更倾向于通过近义词素或反义词素将每一对成对出现的词汇关联起来，较大陆而言更为系统和规范。例如，"Upload"和"Download"这一对词汇，台湾分别翻译作"上载"和"下载"，大陆则分别翻译作"上传"和"下载"，台湾是一个反义词素加一个同义词素，较大陆的要规整。台湾类似的词汇还有"登入"与"登出"、"剪下"与"贴上"，大陆与之对应的则是"登录"与"退出／注销"、"剪切"与"粘贴"。

三是两岸从古代近义复音词中截取词素产生新词时的不一致造成的词汇差异也反映在了网络专业词汇上。我们在本书的"两岸汉语词汇的构词思维与派生模式"一章中曾经提到的，由两个同义或近义词素构词的复音词汇，无论是否偏义，因为意义比较接近，所以在两岸语言治权独立后，当需要截取选用这类词汇中的词素重新复合组成新词时，就会产生差异词汇。这在网络专业词汇上也有较多体现。例如，上表中大陆网络专业词汇"U盘"、"硬盘"、"光盘"与台湾的"随身碟"、"硬碟"、"光碟"中的"盘"和"碟"就是一组近义词素，两岸选用的不一致，就造成了一些列差异性网络专业词汇。再如大陆网络专业词汇"驱动器"、"关键词"、"脱机工作"、"服务器"与台湾的"磁碟机"、"关键字"、"离线工作"、"伺服器"中，就分别存在对"机器"、"字词"、"脱离"、"服伺"等近义复词中词素的不同选用。

四是台湾的网络专业词汇存在过度省略和过度宽松现象，从专业词汇的严谨性讲，远不如大陆的规范。前者如将笔记本电脑简称做"笔电"，将台式电脑简称做"桌机"。后者如将"Network place"、"Refresh"、"Collect"、"Uninstall"分别翻译为"网路上的芳邻"、"重新整理"、"我的最爱"、"解除安装"，已经成了短语甚至短句了，口语化色彩太浓，不符合专业词汇的特征。而且，虽然用字较大陆多了很多，但严谨性上尚不及大陆。例如，"解除安装"可以理解为放弃安装，但不一定要将之前的安装也删除，所以不如大陆的"卸载"更接近"Uninstall"的本意。

第三节　两岸网络流行词汇的差异

网络流行词汇，在形式上或意义上本是我们日常生活中的普通词汇，它或源于某个游戏，或源于某部电影，或源于某个社会事件，或源于某种社会现象。但不管怎样，它都是在现实生活中土生土长的词汇。如果没有网络，它可能也不会那么流行。网络对于这类词汇，主要是起到一个发酵的作用。随着人们对其背后的故事背景的持续关注，这类词汇经过网络媒介的发酵，不但迅速蹿红，并常被赋予新的内涵，然后再回到现实社会中，成为大家耳熟能详的热门词汇。譬如 2005 年 4 月，时隔半个多世纪之后，国共两党再度握手，胡锦涛总书记与连战主席举行会谈并发表新闻公报。伴随着人们对"胡连会"这一重大社会热点问题的高度关注，出现在会谈公报中的"愿景"和"体认"这两个词在网络上也一夜走红，成为大家争相传播和使用的高频词汇。无论是在大陆，还是台湾，几乎所有的网络流行词汇都有一个共性，那就是它们的背后都连着某个特殊的来源背景，它们都是"有故事"的词汇。在这个共性之下，两岸的网络流行词汇又呈现出各种各样的个性和差异。

从词汇产生机制上看，大陆的网络流行词汇，更多的是由普通民众（包括网民）从社会热点事件或社会现象中直接总结和创造出来的。譬如，伴随着 2010 年 2 月 23 日天涯论坛的一篇帖子——《秒杀宇内究极华丽第一极品路人帅哥！帅到刺瞎你的狗眼！求亲们人肉详细资料》及其他相关图片、视频资料而迅速走红，被网友誉为"极品乞丐"、"究极华丽第一极品路人帅哥"、"乞丐王子"等称号的江西人程国荣，一开始人们对其并没有一个统一的称谓，而是在事件的不断发酵中总结出了"犀利哥"这一称谓，并被广大网友所接受。"犀利哥"一词系正式诞生和爆红，并被诠释出更多的文化内涵和象征意义。其他诸如"表哥"、"房婶"、"杀鱼弟"、"屌丝"等都是如此。而台湾的网络流行词汇经由普通民众总结创造的较大陆要偏少，更多的是出自时尚达人之口或游戏、电影中的台词，然后经网络传播而流行。例如，"小明"一词，在台湾的网络上是断腿的意思，其来源就是因为知名艺人吴宗宪经常讲一个关于"小明出车祸而断腿"的故事，后来网民就借用吴宗宪的"小明"表示断腿的意思。再如，"可鲁"在台湾的网络上是导盲犬的代称，其来源就是出自电影《再见了，可鲁》。又如网民在台湾叫"乡民"，也是出自周星驰的电影《九品芝麻官》。

他们 没钱 没背景 没未来
爱DOTA 爱板砖 爱D8
"高富帅" 面前只有脆的命
鼓足勇气跟"女神"搭讪，只能换来一句"呵呵"
他们就是 diǎo
屌丝

矮 穷 搓

从词汇的产生背景上看，大陆的网络流行词汇有相当一部分集中在社会热点事件和现象上，是对社会生活的直接投影。反映出人们对社会热点问题的关注、无奈和调侃。例如，房叔、房姐、房婶、房帝、房祖宗等一些列"房"字辈词汇，反映出当下大陆"房事"问题的严重和广大网民的不满与惊讶、嘲讽与无奈。又如，高富帅、白富美、穷矮搓、土肥圆、富二代、穷二代、屌丝二代目等"社会新阶层"词汇，反映出人们对当前社会阶层的急剧分化和固化的担忧和自嘲，简单的词汇背后，暗含了很深的社会学背景，值得我们反思和警醒。类似的词汇还有屁民、基友、凤凰男、经济适用女、马甲、钓鱼执法等。台湾网络流行词汇中反映社会生活的词汇也有一些，如重判三年、绝食连线、有党证、吞下去等，但总的来说，其对社会的关注度远低于大陆。台湾网民将关注的热情重点投放到了游戏娱乐方面，并产生了很多这方面的词汇。如黑橘、黑椒、瓜农、歪瓜等就是网民对游戏橘子、红心辣椒等台湾电玩代理商线上游戏中严重的外挂问题等的嘲虐。西餐妹、绿茶妹、金丝猫、外围女等网络流行词汇则反映出台湾"乡民"对娱乐领域的低俗现象的调侃。从两岸的网络流行词汇我们可以看出，网络流行词汇流行在网络上，却是对当下社会生活的最直接反映。同时，通过对这些词汇的梳理，我们也可以管窥两岸网民所关注的问题差异以及其背后的深层次社会原因。

从词汇的语言学特征看。大陆的词汇表现出较强的聚合性，出现一个新的网络流行词汇之后，在广大网友的接力创造下，很快就会形成一些列相关的词汇，组成一个个大大小小的语族。最典型的例子就是"××帝"、"××哥"、"××姐"、"××叔"系列。再如"查水表"、"查电表"、"查煤气表"等构成的"查××"系列；"杯具"、"洗具"、"餐具"等构成的"××具"系列；"标题党"、"五毛党"、"手机党"等构成的"××党"系列；"甄嬛体"、"咆哮体"、"代言体"、"淘宝体"、"凡客体"等构成的"××体"系列。这也与上述大陆网络流行词汇的产生机制上主要有网民朋友自己总结创造新词有关。台湾的网络流行词汇则体现出受对外的语言接触和对内的文化传承的深远影响。如"天龙人"源自日本漫画 *ONE PIECE*（中文译名：《海贼王》《航海王》），"波丽士"谐音自英语"Police"，"迷之声"源自日本漫画《樱桃小丸子》中的旁白。台湾的网络流行词汇，受日语的影响特别明显。此外，台湾的网络流行词汇，还常常体现了对中华传统文化的传承和映射。例如，在网络论坛或 BBS 上对贴文第一个跟帖回复的，大陆叫"沙发"，台湾则叫"头香"，大陆网民喜欢"抢沙发"，台湾网民则喜欢"抢头香"。为啥叫头香呢？原来在传统习俗中，农历新年第一天，人们都有去各庙宇抢烧第一炷香，即"抢头香"的习俗，以此祈求能得到神灵的第一庇佑。这一习俗在台湾仍有延续。所以，网络上跟帖的"头香"也就是第一的意思了，背后的文化底蕴较"沙发"要深厚得多了。

第四节　两岸网络社区词汇的差异

　　在两岸网络词汇的差异中，网络社区词汇的差异是所有网络词汇中差异最大的，这不仅表现在词汇或类词汇的本身差异上，还表现在两岸网络社区词汇的表现类型甚至书写系统上。这一方面是因为两岸的网络生态环境及文化背景不一样；另一方面也是因为网络社区词汇受现行汉语词汇及语法规范的约束比较弱，加之两岸在网络交流对接方面还不够畅通和密切，因此有较强的独立性差异。

　　因此，单就网络社区词汇而言，如果没有两岸网络达人的"翻译"，不要说是非网民，就是两岸间的一般网民，彼此之间也难以顺畅地进行沟通交流。譬如说，大陆网民时常挂在嘴边的"坑爹"、"碉堡"、"蛋疼"，对台湾网民来说都是无法理解的。"坑爹"是要活埋老爹的意思么？"碉堡"是打仗用的么？"蛋疼"是哪里疼呢？是头疼吗？台湾网民整个一片"雾煞煞"。再如台湾"乡民"皆知的"超ㄏㄤ"是什么意思呢？即便我们知道"ㄏㄤ"是注音文，是"夯"的意思。但"夯"又是什么意思呢？如果你把它理解为大陆的"夯实"的意思那就真的外行了。"超夯"在台湾的网络世界里就是超级热门的意思，这恐怕是我们想破脑袋也想不出来的。

为使读者对网络社区词汇有个比较直观的了解，我们在谈论两岸网络社区词汇的差异前，先简单介绍下网络社区词汇的类型。根据目前两岸常见、常用的网络社区词汇的粗略分析，大致可以分为以下几种类型。

一是正常汉字词汇类。该类词汇所使用的都是我们正常使用的汉字，但与生活中的普通词汇又不一样。它又分为几种形式。其一是网络社区专有词汇类。如楼主、灌水、顶、网虫、群主、盖楼、恐龙（丑女）、青蛙（丑男）等。其二是汉语谐音变音类。如斑竹（版主）、幽香（邮箱）、伊妹儿（E-mail，即电子邮件）、美眉（美女）、粉（很）、稀饭（喜欢）、果酱（过奖）等。其三是汉语连读合音类。如酱紫（这样子）、酿紫（那样子）等。

二是数字谐音谐意类。数字谐音与谐意类词汇比较简单，谐音一般就是用几个数字表示音近的一个词或短语。例如："886"就是"拜拜了"的谐音词，"201314"就是"爱你一生一世"的意思。"7456"就是"气死我了"的意思。会意则是用一串有特殊含义的数字比喻某个特定的意思。例如"286"原是电脑的一种最原始版本，反应非常慢，所以就被网民用来比喻一个人脑子反应慢，智商低。"729"表示男女之间没感觉、"不来电"，源于7月29日晚全台大停电。

三是汉语拼音缩略类。汉语拼音缩略词，一般就是将普通词汇的首字母缩略在一起表示这个词。例如，"MM"就是"美眉"的缩略，"TMD"就是国骂"他妈的"的缩略，"BT"就是"变态"的缩略。对大陆网民来说，汉语拼音缩略词汇应该是最简单的网络词汇了，特别是一些比较流行的，就连非网民朋友也大都了解。即使第一次见到，一看释义也就一目了然了，没什么难懂的地方。不过，对于台湾网民来说，理解起来就有点难度了，而且他们不容易区分这是汉语拼音缩略词还是英语首字母缩略词。

四是英语缩略改写类。英语首字母缩略语与汉语拼音缩略语类似，就是将英语词汇或短语的首字母组合在一起成为一个新词。其实这并不是网络新创，在日常生活中也有很多这样的首字母缩略词，例如"UN"是"联合国"的英文首字母的所写，"OPEC"是"石油输出国组织"的英文首字母所写。但我们讲的英文首字母缩略成的网络词汇，则是只在网络上流通的一类非正式缩略词，特别是有时还会有一些变形改写，例如"IC"是英语"I see"的变形缩略，意为"我明白了"；"GF"是"girl friend"的缩写，是女朋友的意思；"MorF"是"Male or Female"的缩略，意为"男的还是女的"。

五是注音符号缩略类。和大陆使用汉语拼音不同，台湾是采用注音符号给汉字标音的。在网络上，台湾网民为了方便，常常用注音符号的声母或能独立成字的注音符号来代替汉字，这样就有了独特的"注音文"。在网络早期，注音符号缩略词一般只出现在句末，表示语气的。如"你好ㄇ"（你好吗）、"我来ㄌ"（我来了）等。后来，在网友的不断发明创造下，注音符号不仅可以代替语气词，还可以代替状声词、结构助词甚至动词等。而且不仅可以出现在句末，还可以出现在句中。如"ㄋㄓㄅ"（你知道吧）、"ㄌㄚㄌㄟ"（闲聊，闽南语）、"ㄏㄤ"（夯，热门意）等。

六是拆字、合字、变字类。拆字、合字、变字类，主要是基于委婉表达、谐音谐意、避免出现网络敏感字词等考虑，将正常汉字的一个字拆成几个字、几个字合成一个字或是将正常汉字添加、减少笔画，使改变后的符号在形式上和读音上有别于原字词，但仍然表达原字词的意思。因为汉字特殊的结构关系，拆字一般以左右结构或左中右居多，例如，将"强"字拆成"弓虽"。其他结构的字也有拆分的，但不是很多，例如"门心马叉虫"是"闷骚"的意思。合字思维与拆字正好相反，一般是将两个字合成一个新字，不过仍然表示原来那两个字的意思。如"槑"，是由两个"呆"子合并而成，虽然古代确有其字（音 méi，古同"梅"），但在网络上，并不是用的古意，而是加强形容某人的呆傻。再如"煋文"，是表示"火星文"的意思。变字有添笔和省笔两种方法。如"艹"代表"草"，是"肏"的意思。

七是火星文与符号杂糅类。火星文，意即地球人看不懂的文字。一般认为，"火星文"最早出现于台湾社会，随即流行于香港、大陆和海外华人社会，是华语圈网络上的一种独特的语言现象。火星文在台湾的历史，最早可以追溯到上个世纪。1999 年 7 月，台湾知名网游公司——游戏橘子代理了一款韩国网络游戏《天堂》，就是在从这个游戏开始，玩家在联机聊天的时候，常常用一些非普通汉字的符号来表示某种意思，例如，"wo 滴♡里 7↑8↓ d"，就是"我的心里七上八下的"这短短 9 个字里，就有正常的汉字（里）、变音嗲化汉字（滴）、拼音（wo）、拼音缩略（d）、数字（7、8）、标示符号（↑、↓）、图形（♡）等七种表达意思的形式，不是"火星人"，还真看不懂。

在火星文与符号杂糅类词汇中，有两个比较成系统的词汇类型。分别是"失意体前屈"类和"囧"类。"失意体前屈"文化也叫"Orz"文化，最早起源于日本，是一种表示无可奈何的表情文字。在流传过程中，广大网民们通过变形、替换，创造出了一系列释义前屈体文字，比较常见的有：

网络词汇	简单释义
Orz	标准的失意前屈体文字，表示无可奈何
orz	这是小孩
OTZ	这是大人
OTL	这是完全失落
or2	这是屁股特别翘的
or2＝3	这是放了个屁的
Or2	这是头大身体小的翘屁股
orZ	这是下半身肥大
OTz	这是举重选手
●rz	这是黑人头先生

（续表）

网络词汇	简单释义
Xrz	这是刚被爆头完
On	这是婴儿
crz	这是机车骑士
⊙rz	这是瞪大眼
STOP	这是右向戴帽子的
prz	这是长发垂地的 orz
6rz	这是魔人普乌
srQ	这是换一边并舔地的 orz
org	这是女娲或美人鱼

"失意前屈体"文化传入大陆和台湾后，也受到了两岸网民的热情追捧，"3Q 得 Orz"（感谢得五体投地）甚至成为台湾大学里的考题，可见其影响之大。

两岸网民受"失意前屈体"文化的启发，并结合汉字特点，还创造出了独具民族特色的"囧"文化。囧在古汉语中本是"光明"的意思，但是在网络中，经过网民的联想解释，其内涵逐渐丰富起来。"囧"在网络上被看着人头或一张脸，里面的小"八"为眉眼，小"口"为嘴巴。作为头，表示沉重的思想；作为脸，表示激情与浪漫；在"失意前屈体"文化中，囧多表示沉重的思想。此外，囧还可以表示郁闷等意思。

常见的"囧"字表情文字有：

网络词汇	简单释义
囧 rz	标准失意前屈体囧，表示沉重的思想
崮 rz	这是"囧国"国王
茴 rz	这是"囧国"皇后
苉 rz	这是女的
商 rz	这是戴斗笠的囧
囧兴	这是囧乌龟
卨 rz	这是轰炸超人
国 rz	这是歪嘴的
圙 rz	这是老人家的面
囶 rz	这是没眼睛的
囚 rz	这是没有眼和口的
囜 rz	这是歪嘴的
囵 rz	这是无话可说的
囧弍	这是在天空平行飞翔的
T 囧 T	这是鄙视你的囧
曾 rz	这是假面超人
增 rz	这是拿枪的假面超人
益 rz	这是闭眼且痛苦得咬牙切齿的脸
口 rz	这是豆腐先生

　　这些火星文与符号组合杂糅类的网络怪异词汇是所有网络词汇里最难懂、封闭性最强的一类网络社区词汇，该类词汇的流行和

泛滥,不仅对非网民的理解造成障碍,而且在网络上也有交际困难,应该得到一定的规范或限制。不然,就真的成了"火星文"了。

从上面的分类中我们已经可以窥见两岸网络社区词汇之纷繁芜杂和包罗万象。要在如此五花八门和迅速更新的网络社区词汇中归纳总结两岸间的差异,真可谓难以名状。为此,本文仅分别就两岸网络社区词汇的一些倾向性差异特征做一个简单的梳理描述,希望能起到一个抛砖引玉的作用。

相对于台湾网络社区词汇而言,大陆网络社区词汇呈现出如下几个特征:

一是大陆的汉字类网络社区词汇的内生性和原创性较强,并基本形成了一个自给自足的完整系统。例如在网上发帖和跟帖,就形成了诸如"楼主"、"沙发"、"地板"、"板凳"、"盖楼"、"歪楼"、"楼上"、"楼下"等一个庞大的"楼"族词汇,而且都是由普通汉字造词组成,显示出较强的汉语网络词汇特色。

二是大陆的拼音缩写类网络社区词汇随处可见,这类词汇在台湾网络上则很少见。这主要是因为大陆使用汉语拼音作为汉字的标音系统,所以相应的就产生了大量的汉语拼音首字母缩略词。虽然同属汉语文化圈,但对不熟悉汉语拼音的台湾网民而言,拼音缩写类网络社区词汇则无疑是天书了。

三是大陆的拆字、合字、变字类网络社区词汇比较发达。这主要是受网民为避免出现敏感字词,被网络过滤掉有关。同时也有网民为追求个性化和幽默的成分在里面。

四是大陆网络社区词汇受台湾的影响深远。这主要表现在三个方面:其一是大陆有相当数量的网络社区词汇是吸收了台湾"国语"词汇或由台湾"国语"词汇演变而来。如"功课"、"法度"、"背书"、"喊话"、"造势"、"情势"、"呛声"、"美眉"、"冻蒜"、"粉丝"、"劈腿"等。其二是大陆直接吸收和借鉴了很多台湾网络社区词汇或网络社区词汇造字法。如"大大"、"小白"、"灌水"、"囧"、"好人卡"等。其三是大陆的很多外源性网络社区词汇,特别是日本词汇,都是借道台湾转吸收进来的。如"恶搞"、"正妹"、"正太"、"萝莉"、"熟女"、"麻吉"、"达人"、"便当"以及各种失意前屈体等。当然,大陆的网络词汇输入台湾的情况现在也开始出现,如"山寨"、"雷人"、"伤不起"、"有木有"等词现在在台湾也很流行,但就总量而言,仍然不多。

相对于大陆网络社区词汇而言,台湾网络社区词汇呈现出如下几个特征:

一是注音文类网络社区词汇是台湾网络社区词汇的一个独特类型,也是大陆网民以及其他华语社区网民最看不懂的台湾网络社区词汇类型。可谓是台湾的一大"网络特产"。

二是台湾网络社区词汇吸收或转写了大量闽南语词汇。如"鸡婆"、"冻蒜"、"龟毛"、"白目"、"碎碎念"、"抓狂"、"秀逗"、"歹势"、"黑白讲"、"樱樱美代子"(闲闲没事情)、"吐槽"等。

三是台湾的外源性网络社区词汇比较发达,外来借词和借形情况比较常见,尤其受日本漫画、游戏的影响最深。如"卡哇伊"、"欧巴桑"、"有捏"、"御女"、"宅男"、"原PO"等。

　　四是台湾的火星文在网络社区词汇中占有一定比例，并对大陆网络社区词汇产生较大影响。火星文的使用，发源于游戏，目前主要集中在 90 后一代的新兴网民。因为网游在两岸青年一代间的风行，特别是近年大陆对台湾网游的不断引进，很多台湾青年一代网民所使用的火星文也迅速传播到大陆的网游网民中，并借由大陆网游网民向其他网民传播。

第五节　两岸网络词汇的互动与融合

在两岸的词汇互动与融合进程中,网络凭借其自身的即时性和超地域性优势,无疑起到了一个加速器作用,对两岸差异词汇的交流与趋同有积极影响。同时,网络在传播和弥合两岸词汇差异的同时,又在两岸产生了大量的差异性网络词汇。两岸的这些差异性网络词汇之间,也存在着日益密切的互动与融合趋势。

一是网络热词,借助网络事件持续发酵的影响,从一方进入另一方。网络热词的产生,总是伴随着特定的网络事件。随着网民的持续关注,该网络事件会在网上不断发酵升级,社会影响和关注度都在不断扩大,甚至引起对岸的网络媒体或网民的关注与介绍。这样,该网络事件中所产生的网络热词,就很轻松地借由本次网络事件而传播到海峡对岸。例如,随着著名歌唱家李双江之子李天一等五人涉嫌轮奸一名女性事件的发生及其后的一系列跌宕起伏的案情进展,大陆的网民对该事件表现出持久的、极大的关注热情,让该事件成为轰动一时的网络热点,而该事件中产生的网络热词"轮流发生性关系"更是在网民的引用、调侃、"造句"的推波助澜下一度成为百度搜索的热门词汇,并最终传播到海峡对岸,成为两岸网络热词交流与互动的又一个经典案例。又如 2011 年 3 月 11 日日本发生 9.0 级大地震之后,台湾各界踊跃捐款,其中台北市市长郝龙斌捐出一万元新台币,并立即主动联系媒体广为告知,此举立即引起台湾网友的关注和调侃,不仅在网络上针对郝龙斌高调捐款一事大做文章,更是推出网络新词"郝币",1 郝币 = 10000 元新台币,即郝龙斌本次捐款数,并以"郝币"统计其他知名人士捐款数目,如台湾艺人徐若瑄捐了 100 万元新台币,台湾网民便计为 100 郝。在该网络事件的推动下,大陆网民不仅很快就引进了"郝币"一词,并且在随后的另一个网络事件中造出了"潘币"一词,可谓是两岸网络热词互动与融合的典范。

二是网络媒介产品的交流,带动了两岸网络词汇的互动与融合。和传统的电影、电视、唱片等音像出版制品不同,网络媒介产品,包括网络影视、网络歌曲、网络游戏及网络个人 VCR 等,一般不需要经过严格的审查准入制度就可以借助网络从一个国家或地区正式或非正式地传播到另一个国家和地区。大陆和台湾因为属于同一种语言的两个不同语言社区,在语言上相通,因此相关网络媒介产品的网际交流更为便捷和普遍。一首大陆网络歌曲 MV,只要上传到网络上,台湾网民也就可以轻易视听或下载;一段台湾流行视频,大陆网民也一样可以在网上欣赏。这种网络媒介产品交流的便捷性,也让产品中的两岸网络词汇迅速便捷地在彼此间交流和互动。有相当数量的网络词汇就是这样从一方传播到对岸去的。譬如,"宅男"、"腐女"、"萝莉"、"正太"、"御姐"、"伪娘"、"吐槽"、"耽美"、"萌"、"搞基"、"腹黑"、"次元"、"残念"、"废材"源自日本动漫产品的网络词语，最早传入台湾，随着台湾网民将这些产品传到网络上之后，大陆网民也开始接触到这些动漫产品，同时，产品中的上述网络词汇遂也不断流入大陆，并在大陆流传开来，有些甚至成了大陆的网络热词，如"宅男"、"吐槽"、"萌"等。同样，大陆的网络热词"表哥"、"犀利哥"、"代言"、"亲"、"山寨"、"女汉子"等也一样借助相关视频等网络媒介产品，漂洋过海，深入到台湾的网民之中。

三是公共网络交际平台的开放性，让网络词汇在两岸网民间交互传播与渗透。公共网络交际平台，如 QQ、MSN、Skype、微博、微信等，因其超越地域界限的开放性，两岸网民都可以使用。这样不仅两岸网民间可以单个自由交流，点对点地传播，而且彼此还可以借助交际平台的群、组等功能，形成一个个大大小小的共同圈子。譬如说，两岸登山爱好者之间就可以通过 QQ 群联系在一起。这样彼此间就可以在这个共同的群组里交流讨论，两岸间不同的网络词汇在这个平台上就可以随时随地地交流碰撞，甚至引起彼此共同探讨比较的兴趣。两岸网络词汇通过上述公共交际平台在网民间直接的交流和互动，很容易从一方传播和渗透到另一方去。

四是两岸网民间的长期深度接触带动了两岸网络词汇的互动与融合。随着两岸关系的持续改善，特别是台湾逐步放开了大陆居民赴台经商、求学、旅游之后，两岸人员之间终于实现了成规模的长时间双向流通和交流。这种双向流通和交流，让两岸人员频繁的深度交流成为可能。深度交流带来的一个显著影响就是让两岸差异性词汇得以比较深入地显露出来并获得较为深刻的探讨和认知。两岸的网络词汇也是如此。例如，随着众多台商深耕大陆，其子女也会长期来大陆生活和就学。而台湾向大陆开放高等教育招生之后，赴台求学的大陆学子也逐年递增，两岸间的其他各种短期游学班更是比比皆是。作为新生代网民主力的这些两岸青年学子的彼此交流，对两岸间网络词汇的产生了两大影响：一是他们在对方环境下的学习生活过程中，避免不了地要融入到对方的现实生活和网络世界中去，这也让他们主动或被动地接触、了解、比较和使用对方的网络词汇。例如，赴台学习的大陆学子，在校园生活中必然要碰到诸如"原 PO"、"发漏"、"网路上的芳邻"、"笔电"、"推你"、"揪团"等台湾校园里常见网络词汇。二是他们会通过网络或往来两岸的机会，将两岸网络词汇的差异介绍给自己原来的亲友，充当了两岸网络词汇翻译者和传播使者的角色。例如，在大陆学习的台湾学子，常会不遗余力地将大陆的"打酱油"、"山寨机"、"度娘"、"雷人"、"凤凰男"、"经适女"、"屌丝"、"屁民"、"楼主"、"神马"、"坑爹"贩给台湾的"小伙伴们"，让他们惊讶得"蛋疼"。两岸间的网民长期深度接触不仅带动了两岸网络词汇的深度互动，而且加速了两岸网络词汇的融合和趋同。

附录一

注音符号与汉语拼音的区别与转换

虽然台湾此前已宣布采用汉语拼音方案了，但其完全推行开来还需假以时日，目前台湾绝大多数人掌握的还是注音符号。因此，了解一下注音符号与汉语拼音的区别与转换还是十分必要的。

其实汉语拼音与注音符号基本上是呈——对应关系的。也就是说，汉语拼音类似于注音符号的"拉丁字母表示法"；而注音符号则是汉语拼音的"符号表示法"。甚至可以简单地说，它们之间就像英语字母的大小写的关系。两种标音系统只是表示法不同而已。通过下面的注音符号与汉语拼音对照表（附通用拼音），我们完全可以进行自由转换。

注音符号	汉语拼音	（附录：通用拼音）
ㄅ	b	b
ㄆ	p	p
ㄇ	m	m
ㄈ	f	f

（续表）

注音符号	汉语拼音	（附录：通用拼音）
ㄅ	d	d
ㄊ	t	t
ㄋ	n	n
ㄌ	l	l
ㄍ	g	g
ㄎ	k	k
ㄏ	h	h
ㄐ	j	ji
ㄑ	q	ci
ㄒ	x	si
ㄓ	zh	jh
ㄔ	ch	ch
ㄕ	sh	sh
ㄖ	r	r
ㄗ	z	z
ㄘ	c	c
ㄙ	s	s
零韻	-i	-ih
ㄚ	a	a
ㄛ	o	o
ㄜ	e	e
ㄝ	ê	ê
ㄞ	ai	ai
ㄟ	ei	ei
ㄠ	ao	ao
ㄡ	ou	ou

（续表）

注音符号	汉语拼音	（附录：通用拼音）
ㄢ	an	an
ㄣ	en	en
ㄤ	ang	ang
ㄥ	eng	eng
ㄦ	er	er
ㄧ	i，yi	i，yi
ㄨ	u，wu	u，wu
ㄩ	ü，u，yu	yu
ㄧㄚ	ia，ya	ia，ya
ㄧㄝ	ie，ye	ie，ye
ㄧㄞ	iai，yai	iai，yai
ㄧㄠ	iao，yao	iao，yao
ㄧㄡ	iu，you	iou，you
ㄧㄢ	ian，yan	ian，yan
ㄧㄣ	in，yin	in，yin
ㄧㄤ	iang，yang	iang，yang
ㄧㄥ	ing，ying	ing，ying
ㄨㄚ	ua，wa	ua，wa
ㄨㄛ	uo，wo	uo，wo
ㄨㄞ	uai，wai	uai，wai
ㄨㄟ	ui，wei	uei，wei
ㄨㄢ	uan，wan	uan，wan
ㄨㄣ	un，wen	un，wun
ㄨㄤ	uang，wang	uang，wang
ㄨㄥ	ong，weng	ong，wong
ㄩㄝ	ue，yue	yue
ㄩㄢ	uan，yuan	yuan

（续表）

注音符号	汉语拼音	（附录：通用拼音）
ㄩㄣ	un，yun	yun
ㄩㄥ	iong，yong	yong

因为整体上是一对一的关系，所以注音符号和汉语拼音之间原则上不存在转换障碍的问题。但是有几点小的注意事项还是应该提醒一下的：

一、ㄜ和ㄝ同时对应于汉语拼音中的e，尽管它们的发音并不相同。好在汉语拼音的写法中，ㄝ永远是复韵母的最后一个，所以我们可以根据汉语拼音的这一特点来辨别两者。

二、另外，还有一个特殊情况是注音符号儿，它在汉语拼音中写作er，但用作韵尾时却又仅写着r，这点要引起大家的注意。

三、当既作声母又作韵母的ㄧ、ㄨ不作声母时，ㄨㄥ、ㄧㄡ、ㄨㄟ、ㄩㄥ、ㄧㄥ、ㄨㄣ在汉语拼音中分别写作ong、iu、ui、iong、ing、un。

四、注音符号中单成音节的ㄧ、ㄨ、ㄩ分别写作yi、wu、yu。ㄩ在很多情况下写成u，详见汉语拼音方案。

五、在注音符号中，ㄓ、ㄔ、ㄕ、ㄖ、ㄗ、ㄘ、ㄙ等声母可以单独成音节。但汉语拼音中则必须添加韵母i方可组成音节。故这些音节在汉语拼音中应写作zhi、chi、shi、ri、zi、ci、si。

（附注：zhi在旧式注音中需空韵「ㄭ」注成ㄓㄭ，新式中则不需要，故汉语拼音以类似旧式的拼法，zh要加空韵i）

附：汉语拼音方案

一、字母表

字母	A a	B b	C c	D d	E e	F f	G g
名称	ㄚ	ㄅㄝ	ㄘㄝ	ㄉㄝ	ㄜ	ㄝㄈ	ㄍㄝ
	H h	I i	J j	K k	L l	M m	N n
	ㄏㄚ	ㄧ	ㄐㄧㄝ	ㄎㄝ	ㄝㄌ	ㄝㄇ	ㄋㄝ
	O o	P p	Q q	R r	S s	T t	
	ㄛ	ㄆㄝ	ㄑㄧㄡ	ㄚㄦ	ㄝㄙ	ㄊㄝ	
	U u	V v	W w	X x	Y y	Z z	
	ㄨ	ㄪㄝ	ㄨㄚ	ㄒㄧ	ㄧㄚ	ㄗㄝ	

V只用来拼写外来语、少数民族语言和方言。

二、声母表

b	p	m	f		d	t	n	l
ㄅ玻	ㄆ坡	ㄇ摸	ㄈ佛		ㄉ得	ㄊ特	ㄋ讷	ㄌ勒
g	k	h			j	q	x	
ㄍ哥	ㄎ科	ㄏ喝			ㄐ基	ㄑ欺	ㄒ希	
zh	ch	sh	r		z	c	s	
ㄓ知	ㄔ蚩	ㄕ诗	ㄖ日		ㄗ资	ㄘ雌	ㄙ思	

三、韵母表

	i ㄧ　衣	u ㄨ　乌	ü ㄩ　迂
a ㄚ　啊	ia ㄧㄚ　呀	ua ㄨㄚ　蛙	
o ㄛ　喔		uo ㄨㄛ　窝	
e ㄜ　鹅	ie ㄧㄝ　耶		üe ㄩㄝ　约
ai ㄞ　哀		uai ㄨㄞ　歪	
ei ㄟ　诶		uei ㄨㄟ　威	
ao ㄠ　熬	iao ㄧㄠ　腰		
ou ㄡ　欧	iou ㄧㄡ　忧		
an ㄢ安	ian ㄧㄢ　烟	uan ㄨㄢ　弯	üan ㄩㄢ　冤
en ㄣ恩	in ㄧㄣ　因	uen ㄨㄣ　温	ün ㄩㄣ　晕
ang ㄤ　昂	iang ㄧㄤ　央	uang ㄨㄤ　汪	
eng ㄥ　亨的韵母	ing ㄧㄥ　英	ueng ㄨㄥ　翁	
ong (ㄨㄥ)轰的韵母	iong ㄩㄥ　雍		

（1）"知、蚩、诗、日、资、雌、思"等七个音节的韵母用i。

（2）韵母ㄦ写成er，用作韵尾的时候写成r。

（3）韵母ㄝ单用的时候写成ê。

（4）i行的韵母，前面没有声母的时候，写成yi（衣），ya（呀），ye（耶），yao（腰），you（忧），yan（烟），yin（因），yang（央），ying（英），yong（雍）。u行的韵母，前面没有声母的时候，写成wu（乌），wa（蛙），wo（窝），wai（歪），wei（威），wan（弯），wen（温），wang（汪），weng（翁）。ü行的韵母跟声母j，q，x拼的时候，写成ju（居），qu（区），xu（虚），ü上两点也省略；但是跟声母l，n拼的时候，仍然写成lü（吕），nü（女）。

（5）iou，uei，uen前面加声母的时候，写成iu，ui，un，例如niu（牛），gui（归），lun（论）。

四、声调符号

阴平	阳平	上声	去声
─	╱	∨	╲

声调符号标在音节的主要母音上。轻声不标。例如：

妈 mā	麻 má	马 mǎ	骂 mà	吗 ma
（阴平）	（阳平）	（上声）	（去声）	（轻声）

五、隔音符号

a，o，e 开头的音节连接在其他音节后面的时候，如果音节的界限发生混淆时，用隔音符号（'）隔开，例如 Xi'ān（西安）、pí'ǎo（皮袄）。

附录二

非一一对应型常见简繁汉字对照表

一、一简对多繁型简繁汉字对照表

序号	简体字	繁体字
1	庵	庵　菴
2	暗	暗　闇
3	唉	唉　欸
4	袄	襖　襖
5	媪	媪　媼
6	呇	嚣　嚚
7	奥	奥　奧
8	坝	壩　垻
9	摆	擺　襬
10	稗	稗　粺
11	板	板　闆
12	坂	阪　岅
13	榜	榜　牓
14	膀	膀　髈
15	褒	褒　襃
16	褓	褓　緥
17	杯	杯　盃
18	背	背　揹

（续表）

序号	简体字	繁体字
19	辟	辟 闢
20	匾	匾 楄
21	表	表 錶
22	别	別 彆
23	并	并 並 併 竝 幷
24	驳	駁 駮
25	剥	剝 剥
26	钵	缽 鉢
27	卜	卜 蔔
28	布	布 佈
29	铲	鏟 剷
30	才	才 纔
31	采	采 埰 寀 採 綵
32	彩	彩 綵
33	参	參 蓡
34	蚕	蠶 蚕
35	察	察 詧
36	忏	懺 忏
37	尝	嘗 嚐 甞 噇
38	厂	厂 庵 廠 厰
39	澄	澄 澂
40	吃	吃 喫
41	痴	痴 癡
42	尺	尺 呎
43	冲	冲 沖 衝
44	虫	虫 蟲
45	酬	酬 詶 酧 醻
46	仇	仇 雠 讎 讐
47	丑	丑 醜
48	出	出 齣
49	窗	窗 窓 牕 牎
50	床	床 牀

（续表）

序号	简体字	繁体字
51	棰	棰 箠
52	莼	蒓 蓴
53	唇	唇 脣
54	村	村 邨
55	寸	寸 吋
56	粗	粗 麤 觕
57	酬	酬 醻
58	锉	銼 剉
59	从	從 从
60	答	答 荅
61	鞑	鞑 韃
62	呆	呆 獃
63	玳	玳 瑇
64	担	擔 担
65	啖	啖 啗 噉
66	当	當 噹 儅
67	凼	凼 氹
68	荡	盪 蕩
69	党	黨 党
70	捣	捣 擣
71	德	德 悳
72	抵	抵 牴 觝
73	递	遞 逓
74	淀	澱 淀
75	吊	弔 吊
76	雕	雕 鵰 彫 琱
77	叠	叠 疊 曡 疉
78	冬	冬 鼕
79	斗	鬥 斗 鬦 鬪 鬭
80	睹	睹 覩
81	妒	妒 妬
82	吨	噸 吨

（续表）

序号	简体字	繁体字
83	遁	遁 遯
84	讹	訛 譌
85	恶	惡 噁
86	鳄	鰐 鱷
87	儿	兒 儿
88	发	發 髮
89	罚	罰 罸
90	法	法 灋
91	翻	翻 飜 繙
92	幡	幡 旛
93	泛	泛 氾 汎
94	范	范 範
95	仿	仿 倣 彷 髣
96	痱	痱 痹
97	氛	氛 雰
98	丰	豐 丰
99	夫	夫 伕
100	佛	佛 彿
101	肤	肤 膚
102	幞	幞 襆
103	呒	呒 嘸
104	俯	俯 俛 頫
105	复	復 複 覆 复
106	干	乾 干 幹 榦
107	尴	尴 尲 尷
108	赶	趕 赶
109	杠	杠 槓
110	个	个 個 箇
111	咯	咯 詻
112	构	構 构
113	谷	谷 穀
114	雇	雇 僱

（续表）

序号	简体字	繁体字
115	刮	刮　颳
116	挂	掛　挂
117	馆	舘　館
118	广	廣　广
119	圭	圭　珪
120	硅	矽　硅
121	柜	櫃　柜
122	罐	罐　鑵
123	果	果　菓
124	椁	椁　槨
125	鲦	鮡　鮌
126	焊	焊　銲
127	浩	浩　澔
128	核	核　覈
129	合	合　閤
130	哄	哄　鬨
131	后	後　后
132	呼	呼　虖　謼
133	胡	胡　鬍　衚
134	糊	糊　餬
135	哗	嘩　譁
136	划	劃　划　畫
137	画	畫　画
138	坏	壞　坏
139	怀	懷　怀
140	欢	歡　懽　讙
141	恍	恍　怳
142	回	囘　迴　囬　廻
143	毁	毀　燬　譭
144	汇	匯　彙　滙
145	彗	彗　篲
146	昏	昏　昬

（续表）

序号	简体字	繁体字
147	伙	夥　伙
148	获	获　獲　穫
149	叽	叽　嘰
150	饥	飢　饑
151	极	極　极
152	虮	蟣　虮
153	几	幾　几
154	迹	迹　跡　蹟
155	绩	績　勣
156	家	家　傢
157	价	價　价
158	奸	奸　姦
159	笺	箋　牋
160	茧	繭　茧
161	荐	薦　荐
162	剑	劍　劒　剣　劎
163	鉴	鑑　鑒　鋻
164	姜	姜　薑
165	僵	僵　殭
166	缰	繮　韁
167	胶	胶　膠
168	洁	潔　洁
169	杰	杰　傑
170	借	借　藉
171	并	井　阱　穽
172	尽	盡　儘
173	惊	驚　悚
174	据	據　据
175	局	局　侷　跼　踞
176	卷	捲　卷
177	倦	倦　勌
178	桊	桊　棬

（续表）

序号	简体字	繁体字
179	狷	狷　獧
180	隽	隽　雋
181	眷	眷　睠
182	镢	镢　钁　鐝
183	俊	俊　儁
184	浚	浚　濬
185	慨	慨　嘅
186	糠	糠　粇　穅
187	疴	疴　痾
188	克	克　剋　尅
189	垦	垦　墾
190	坑	坑　阬
191	扣	扣　釦
192	寇	寇　宼
193	寇	寇　謑
194	夸	夸　誇
195	款	款　欵
196	匡	劻　匡
197	矿	矿　礦　鑛
198	亏	亏　虧
199	馈	餽　饋
200	愧	媿　愧
201	昆	昆　崑　崐
202	坤	坤　堃
203	捆	捆　綑　梱
204	困	困　睏
205	夸	夸　誇
206	腊	臘　腊
207	蜡	蠟　蜡
208	辣	辣　辢
209	婪	婪　惏
210	懒	懒　懶　孏

（续表）

序号	简体字	繁体字
211	琅	琅　瑯
212	蜋	螂　蜋
213	泪	泪　淚
214	累	累　纍
215	类	类　類
216	棱	棱　稜　崚
217	厘	厘　釐
218	离	離　离
219	漓	漓　灘
220	篱	籬　篱
221	狸	狸　貍
222	里	里　裡　裏
223	历	歷　曆　厤　歴　暦
224	栗	栗　慄
225	苈	苈　澧　蒾
226	奁	奩　匲　奩　匳　籢
227	帘	簾　帘
228	炼	煉　鍊
229	怜	憐　怜
230	炼	煉　鍊
231	梁	梁　樑
232	了	了　瞭
233	檩	檩　檁
234	椋	櫺　欞
235	凌	凌　淩
236	岭	嶺　岭
237	瘘	瘺　瘻
238	垆	壚　鑪
239	橹	櫓　艣　艪
240	卤	鹵　滷
241	仑	侖　崙
242	罗	羅　囉

（续表）

序号	简体字	繁体字
243	麻	麻　痲　蔴
244	么	么　麼
245	麽	麽　麼
246	霉	霉　黴
247	蒙	蒙　懞　濛　矇
248	眯	眯　瞇
249	弥	彌　瀰
250	秘	秘　祕
251	绵	綿　緜
252	腼	腼　靦
253	面	面　麵　麪　麫
254	蔑	蔑　衊
255	幕	幕　幙
256	奶	奶　嬭
257	乃	乃　迺　廼
258	楠	楠　枏　柟
259	昵	昵　暱
260	拈	拈　撚
261	捻	捻　撚
262	念	念　唸
263	娘	娘　孃
264	袅	裊　嫋　嬝
265	宁	宁　寧　寗
266	泞	濘　泞
267	苧	薴　苧
268	浓	浓　秾
269	暖	暖　煖　煗
270	盘	盤　槃
271	刨	刨　鉋　鑤
272	疱	皰　疱
273	炮	炮　砲　礮
274	胚	胚　肧

（续表）

序号	简体字	繁体字
275	佩	佩 珮
276	碰	碰 蹭 挏
277	毗	毗 毘
278	罴	罴 羆
279	骗	骗 騙 騗
280	飘	飘 飃 飄
281	凭	憑 凴 凭
282	苹	蘋 苹
283	瓶	瓶 缾
284	迫	迫 廹
285	仆	僕 仆
286	朴	朴 樸
287	扑	撲 扑
288	铺	铺 鋪 舖
289	栖	棲 栖
290	凄	凄 淒 悽
291	崎	崎 埼 碕
292	戚	戚 慼 鏚
293	棋	棋 棊 碁
294	旗	旗 旂
295	蕲	蕲 蘄
296	启	启 啓 啟
297	气	氣 气
298	弃	弃 棄
299	憩	憩 愒
300	千	千 韆
301	扦	扦 扡
302	迁	迁 遷
303	牵	牵 牽
304	愆	愆 諐
305	签	签 簽 籤
306	乾	乾 乹 乹

（续表）

序号	简体字	繁体字
307	潜	潜　潛
308	朕	朕　媵
309	玱	玱　瑲
310	枪	槍　鎗
311	羌	羌　羗
312	强	强　強　彊
313	墙	墙　墻　牆
314	嫱	嫱　嬙
315	蔷	蔷　薔
316	樯	樯　檣　艢
317	襁	襁　繦　繈
318	硗	硗　墝　磽
319	锹	锹　鐰　鍫
320	憔	憔　癄　顦
321	峭	峭　陗
322	窍	窍　竅
323	惬	惬　愜
324	箧	箧　篋
325	亲	亲　親
326	琴	琴　琹
327	勤	勤　懃
328	寝	寝　寢
329	吣	吣　唚
330	揿	揿　撳　搇
331	青	青　靑
332	苘	苘　檾
333	琼	琼　瓊
334	丘	丘　坵
335	秋	秋　鞦　秌
336	鳅	鳅　鰍　鰌
337	虬	虬　虯
338	球	球　毬

（续表）

序号	简体字	繁体字
339	曲	曲　麹　絢　麴
340	驱	驱　敺　驅
341	癯	癯　臒
342	觑	觑　覤　覷　覰
343	蜷	蜷　踡
344	却	却　卻
345	悫	悫　愨　慤
346	确	确　確
347	榷	榷　搉
348	裙	裙　帬　裠
349	群	群　羣
350	冉	冉　冄
351	扰	擾　扰
352	妊	妊　姙
353	纴	紝　紉
354	韧	韧　靭　靱
355	绒	绒　毧　絨　羢
356	融	融　螎
357	冗	冗　宂
358	软	软　軟　輭
359	蕊	蕊　蕋　蘂　蘤
360	睿	睿　叡
361	箬	箬　篛
362	洒	灑　洒
363	腮	腮　顋
364	伞	伞　傘　繖
365	丧	丧　喪
366	扫	扫　掃
367	涩	涩　澀　濇
368	啬	啬　嗇
369	穑	穑　穡
370	杀	杀　殺

（续表）

序号	简体字	繁体字		
371	晒	曬	晒	
372	删	刪	刪	
373	姗	姍	姗	
374	膻	羶	膻	
375	陕	陝	陜	
376	膳	膳	饍	
377	鳝	鱓	鱔	鱣
378	垧	垧	坰	
379	蛇	蛇	虵	
380	舍	舍	捨	
381	慑	慑	慴	懾
382	审	审	審	讅
383	婶	婶	嬸	
384	沈	沈	瀋	渖
385	升	升	昇	陞
386	声	声	聲	
387	胜	勝	胜	
388	渑	澠	澠	
389	圣	聖	圣	
390	剩	剩	賸	
391	尸	屍	尸	
392	虱	虱	蝨	
393	湿	湿	溼	濕
394	酾	釃	醨	
395	埘	埘	塒	
396	莳	莳	蒔	
397	视	视	眎	眡　視
398	是	是	昰	
399	柿	柿	柹	
400	适	適	适	
401	谥	谥	謚	諡
402	寿	寿	壽	夀

（续表）

序号	简体字	繁体字
403	兽	兽 獸
404	倏	倏 倐 儵
405	疏	疏 疎 踈
406	摅	摅 攄
407	薯	薯 藷
408	术	術 朮
409	竖	竖 竪 豎
410	庶	庶 庻
411	漱	漱 潄
412	税	税 稅
413	说	说 說 説
414	厮	厮 廝
415	似	似 佀
416	祀	祀 禩
417	俟	俟 竢
418	松	松 鬆
419	怂	怂 慫
420	耸	耸 聳
421	搜	搜 蒐
422	苏	苏 蘇 囌 甦
423	溯	溯 泝 遡
424	酸	酸 痠
425	虽	虽 雖
426	随	随 隨
427	岁	岁 崴 歲
428	飧	飧 飱
429	笋	笋 筍
430	挲	挲 挱
431	蓑	蓑 簑
432	它	它 牠
433	塔	塔 墖
434	挞	挞 撻

（续表）

序号	简体字	繁体字
435	他	他 祂
436	台	臺 台 檯 枱 颱
437	抬	抬 擡
438	态	态 態
439	叹	嘆 歎
440	坛	坛 壇 罎 罈 墰 壜
441	糖	糖 餹
442	昙	昙 曇
443	祖	祖 禢
444	叹	叹 嘆 歎
445	趟	趟 蹚
446	绦	绦 條 縧 縚
447	掏	掏 搯
448	韬	韬 韜 弢
449	啕	咷 啕
450	鼗	鞀 鞉 鼗
451	誊	誊 謄
452	藤	藤 籐
453	鳀	鳀 鯷
454	啼	啼 嗁
455	蹄	蹄 蹏
456	体	體 体 躰
457	屉	屉 屜
458	剃	剃 薙 鬀
459	条	条 條
460	眺	眺 覜
461	粜	粜 糶
462	铁	铁 鈇 鐵 銕
463	厅	厅 厛 廳
464	听	聽 听 聼
465	同	同 衕
466	筒	筒 筩

（续表）

序号	简体字	繁体字
467	偷	偷　偸　媮
468	秃	秃　禿
469	涂	涂　塗　凃
470	兔	兔　兎
471	团	团　團　糰
472	抟	抟　摶
473	颓	颓　頹　頽　穨
474	腿	腿　骽
475	蜕	蜕　蛻
476	臀	臀　臋
477	托	托　託
478	拖	拖　拕
479	脱	脱　脫
480	鼍	鼍　鼉
481	椭	椭　橢
482	拓	拓　搨
483	洼	窪　洼
484	蛙	蛙　鼃
485	袜	袜　襪　韤
486	腽	腽　膃
487	玩	玩　貦
488	挽	挽　輓
489	碗	碗　盌　椀
490	万	萬　万
491	亡	亡　亾
492	往	往　徃
493	网	網　网
494	望	望　朢
495	为	为　為　爲
496	沩	沩　溈　潙
497	伪	伪　偽　僞
498	卫	卫　衛　衞

（续表）

序号	简体字	繁体字		
499	喂	喂	餵	餧
500	猬	猬	蝟	
501	温	温	溫	
502	蚊	蚊	蟁	螡
503	吻	吻	脗	
504	稳	稳	穩	
505	瓮	瓮	甕	罋
506	卧	卧	臥	
507	污	污	汙	汚
508	圬	圬	杇	
509	坞	坞	塢	隖
510	妩	妩	嫵	娬
511	庑	庑	廡	
512	忤	忤	悟	
513	怃	怃	憮	
514	毋	毋	毌	
515	务	务	務	
516	雾	雾	霧	
517	捂	捂	搗	
518	牺	牺	犧	
519	晰	晰	晳	
520	溪	溪	谿	
521	嘻	嘻	譆	
522	膝	膝	剼	
523	席	席	蓆	
524	戏	戏	戲	戯
525	系	系	係	繫
526	郄	郄	郤	
527	舄	舄	潟	
528	虾	虾	蝦	
529	侠	侠	俠	
530	峡	峡	峽	

（续表）

序号	简体字	繁体字			
531	狭	狭 狹			
532	硖	硖 硤			
533	辖	辖 轄 鎋			
534	吓	吓 嚇			
535	厦	厦 廈			
536	仙	仙 僊			
537	纤	纖 縴 纤			
538	籼	籼 秈			
539	跹	跹 躚			
540	咸	鹹 咸			
541	衔	銜 啣			
542	弦	弦 絃			
543	闲	閒 閑 闲			
544	娴	娴 嫻 嫺			
545	鹇	鷳 鷴 鵬 鷼			
546	痫	痫 癇			
547	衔	衔 啣 銜			
548	显	显 顯			
549	铣	銑 鍌			
550	线	線 綫 綖 线			
551	羡	羡 羨			
552	乡	乡 鄉 鄊			
553	厢	厢 廂			
554	享	享 亯			
555	响	响 響			
556	飨	飨 饗			
557	象	象 像			
558	向	向 嚮 曏			
559	嚣	嚣 嚻 囂			
560	筱	筱 篠			
561	效	效 傚 効			
562	啸	啸 嘯 歗			

（续表）

序号	简体字	繁体字
563	蝎	蠍 蝎
564	邪	邪 衺
565	协	协 協
566	胁	脅 脇 胁
567	挟	挟 挾
568	携	携 攜 攜
569	鞋	鞋 鞵
570	泄	泄 洩
571	绁	绁 紲 緤 緤
572	亵	亵 褻
573	蟹	蟹 蠏
574	欣	欣 訢
575	衅	衅 釁
576	兴	兴 興
577	幸	幸 倖
578	凶	凶 兇
579	汹	汹 洶
580	胸	胸 胷
581	修	修 脩
582	绣	绣 綉 繡
583	锈	锈 銹 鏽
584	须	须 須 鬚
585	虚	虚 虛
586	嘘	嘘 噓
587	叙	叙 敍 敘
588	恤	恤 卹 賉
589	勖	勖 勗
590	婿	婿 壻
591	溆	溆 漵
592	喧	喧 諠
593	萱	萱 蕿 蘐 蕙 藼
594	悬	悬 懸

（续表）

序号	简体字	繁体字		
595	炫	炫 衒		
596	旋	旋 鏇		
597	璇	璇 璿		
598	癣	癣 癬		
599	楦	楦 楥		
600	靴	靴 鞾		
601	炭	炭 黑		
602	勋	勋 勛 勳		
603	埙	埙 塤 壎		
604	熏	熏 燻		
605	巡	巡 廵		
606	徇	徇 狥		
607	丫	丫 枒		
608	压	压 壓		
609	鸦	鸦 鵶 鴉		
610	桠	桠 椏		
611	哑	哑 啞		
612	痖	痖 瘂		
613	亚	亚 亞		
614	垭	垭 埡		
615	娅	娅 婭		
616	氩	氩 氬		
617	咽	咽 嚥		
618	恹	恹 懨 懕		
619	烟	煙 菸		
620	胭	胭 臙		
621	腌	醃 腌		
622	檐	簷 檐		
623	岩	岩 巖 嵒 巗		
624	盐	盐 鹽		
625	阎	阎 閻 閆		
626	颜	颜 顔 顏		

（续表）

序号	简体字	繁体字		
627	檐	檐 簷		
628	兖	兖 兗		
629	俨	俨 儼		
630	厣	厣 厴		
631	魇	魇 魘		
632	演	演 縯		
633	魇	魇 魘		
634	厌	厌 厭		
635	彦	彦 彥		
636	艳	艳 艷 豔 豓		
637	验	验 騐 驗		
638	焰	焰 燄		
639	雁	雁 鴈		
640	滟	滟 灔 灩		
641	酽	酽 釅		
642	餍	餍 饜		
643	燕	燕 讌 醼 鷰		
644	赝	赝 贗 贋		
645	宴	宴 讌 醼		
646	恹	慭 懕		
647	扬	扬 揚 敭 颺		
648	阳	阳 陽		
649	夭	夭 殀		
650	肴	肴 餚		
651	窑	窑 窯 窰		
652	摇	摇 搖		
653	遥	遥 遙		
654	瑶	瑶 瑤		
655	药	药 葯 藥		
656	耀	耀 燿		
657	爷	爷 爺		
658	野	野 埜 壄		

（续表）

序号	简体字	繁体字
659	叶	葉　叶
660	业	业　業
661	邺	邺　鄴
662	夜	夜　亱
663	烨	烨　燁　爗
664	靥	靥　靨
665	医	医　毉　醫
666	咿	咿　吚
667	仪	仪　儀
668	迤	迤　迆
669	移	移　迻
670	彝	彝　彜　彝
671	舣	舣　艤
672	蚁	蚁　螘　蟻
673	亿	亿　億
674	异	异　異
675	呓	呓　囈　讛
676	瘗	瘗　瘞
677	翳	翳　瞖
678	因	因　囙
679	阴	阴　陰　隂
680	荫	荫　蔭　廕
681	殷	殷　慇
682	喑	喑　瘖
683	堙	堙　陻
684	吟	吟　唫
685	淫	淫　婬　滛
686	隐	隐　隱
687	瘾	瘾　癮
688	应	应　應
689	莺	莺　鶯　鸎
690	罂	罂　甖　罌

（续表）

序号	简体字	繁体字
691	茎	茎 莖
692	荥	荥 滎
693	荧	荧 熒
694	莹	莹 瑩
695	萤	萤 螢
696	营	营 營
697	萦	萦 縈
698	滢	滢 瀅
699	銮	銮 鑾
700	潆	潆 瀠
701	蝇	蝇 蠅
702	赢	赢 贏
703	瘿	瘿 癭
704	映	映 暎
705	哟	哟 喲
706	佣	傭 佣
707	拥	拥 擁
708	痈	痈 癰
709	雍	雍 雝
710	墉	墉 鄘
711	咏	咏 詠
712	涌	湧 涌
713	恿	恿 愳 慂
714	踊	踴 踊
715	优	優 优
716	忧	忧 憂
717	犹	犹 猶
718	犹	邮 郵
719	莜	莜 蓧
720	莸	莸 蕕
721	游	游 遊
722	佑	佑 祐

（续表）

序号	简体字	繁体字
723	于	於　于
724	余	余　餘
725	与	與　与
726	娱	娱　娛
727	俣	俣　俣
728	崳	崳　崳
729	愈	愈　癒　瘉
730	逾	逾　踰
731	吁	籲　吁　訏
732	郁	郁　鬱
733	欲	欲　慾
734	御	御　禦
735	誉	誉　譽
736	园	园　園
737	鼋	鼋　鼋
738	猿	猿　猨　蝯
739	橼	橼　櫞
740	愿	願　愿
741	岳	岳　嶽
742	钥	鑰　鈅　钥　籥
743	悦	悦　悅
744	阅	阅　閱　閲
745	跃	跃　躍
746	粤	粵　粤
747	云	雲　云
748	芸	芸　蕓
749	沄	沄　澐
750	匀	匀　勻
751	氲	氲　氳
752	酝	酝　醖　醞
753	愠	愠　慍
754	韵	韻　韵

（续表）

序号	简体字	繁体字
755	匜	匜 帀
756	杂	杂 襍 雜
757	灾	灾 災 烖 菑
758	簪	簪 簮
759	咱	咱 偺 喒
760	攒	攒 攢 儹 欑
761	赞	赞 贊 贊 讚
762	赃	赃 脏 贓 臟
763	脏	脏 臟 髒
764	葬	葬 塟
765	糟	糟 蹧
766	凿	凿 鑿
767	枣	枣 棗
768	灶	灶 竈 窰
769	皂	皂 皁
770	唣	唣 啈
771	噪	噪 譟
772	揸	揸 摣
773	鲝	鲝 鮺
774	扎	扎 紥 紮
775	札	箚 札 剳
776	闸	闸 牐 閘
777	栅	栅 柵
778	榨	榨 搾
779	沾	沾 霑
780	毡	毡 氈 氊
781	盏	盏 盞 醆
782	占	占 佔
783	栈	栈 棧
784	獐	獐 麞
785	帐	帐 帳 賬
786	账	账 賬 帳

（续表）

序号	简体字	繁体字
787	棹	棹　櫂
788	照	照　炤
789	折	折　摺
790	哲	哲　喆
791	谪	谪　讁　讁
792	浙	浙　淛
793	针	针　鍼　鍼
794	珍	珍　珎
795	鸩	鸩　酖
796	砧	砧　碪
797	争	争　爭
798	征	征　徵
799	峥	峥　崢
800	挣	挣　掙
801	狰	狰　猙
802	睁	睁　睜
803	筝	筝　箏
804	证	证　證　証
805	症	症　癥
806	厄	厄　阨
807	栀	栀　梔
808	执	執　执
809	侄	侄　姪　姪
810	职	职　職
811	跖	跖　蹠
812	只	只　隻　衹
813	址	址　阯
814	志	志　誌
815	制	制　製
816	帙	帙　袠　袠
817	帜	帜　幟
818	质	质　質

（续表）

序号	简体字	繁体字
819	栉	栉　櫛
820	挚	挚　摰
821	致	致　緻
822	稚	稚　稺　穉
823	置	置　寘
824	鲥	鲥　鰣
825	终	终　終
826	钟	钟　鈡　鍾　鐘
827	肿	肿　腫
828	种	種　种
829	冢	冢　塚
830	众	众　眾　衆
831	周	周　週
832	帚	帚　箒
833	咒	咒　呪
834	昼	昼　晝
835	皱	皱　皺
836	朱	朱　硃
837	猪	猪　豬
838	潴	潴　瀦
839	橥	橥　櫫
840	属	属　屬
841	煮	煮　煑
842	嘱	嘱　囑
843	瞩	瞩　矚
844	伫	伫　佇　竚
845	苎	苎　苧
846	筑	築　筑
847	助	助　耡
848	注	註　注
849	箸	箸　筯
850	专	专　專

（续表）

序号	简体字	繁体字
851	砖	砖　塼　甄　磚
852	撰	撰　譔
853	妆	妆　妝　粧
854	庄	庄　莊
855	桩	桩　樁
856	装	装　裝
857	壮	壮　壯
858	状	状　狀
859	幢	幢　橦
860	坠	坠　墜
861	浊	浊　濁
862	镯	镯　鋜　鐲
863	准	準　准
864	冢	塚　冢
865	桌	桌　槕
866	斫	斫　斵　斲　斵
867	兹	兹　茲　玆
868	鹙	鶖　鷔
869	姊	姊　姉
870	眦	眦　眥
871	棕	棕　椶
872	踪	踪　蹤
873	鬃	鬃　騣　鬉
874	总	总　総　總
875	偬	偬　傯
876	粽	粽　糉
877	纂	纂　籫
878	钻	钻　鑽　鉆
879	罪	罪　辠
880	樽	樽　罇

【备注】 有统计认为，一简对多繁的简体字并没有这么多，大概近 250 个。我们认为，这里没有将因偏旁简化而造成的简体字中一简对多繁的情况统计进去，如果把这些都算进去，数量会大为增加。此外，有些汉字虽然字形相近，但在大陆和台湾的具体写法还是有所不同，有些类似于异体字，为便于查对，本表一并予以收入。

当然，简体字和繁体字的对应关系也不是一成不变的。随着两岸语言政策的调整，原来一简对多繁的可能变成一一对应的，原来一一对应的也可能会变成一简对多繁的，还有可能繁简关系都不存在了。例如，1986 年重新公布的《简化字总表》中便已删除了"迭"、"复"、"象"、"罗"和"叠"、"覆"、"像"、"囉"的对应关系。因此，1986 年前写"好象"是对的，但 1986 年以后就是错的了，而应该写作"好像"。但因出版年代的不同，我们今天看书时，就有时看到写的是"好象"，有时又写的是"好像"。

二、一繁对多简型简繁汉字对照表

序号	繁体字	简体字	备　　注
1	兒	兒（ní） 儿（ér）	
2	覆	覆　复	
3	畫	画　划	
4	夥	夥　伙	
5	鹼	碱　硷	
6	藉	藉（jí） 借（jiè）	

（续表）

序号	繁体字	简体字	备　　注
7	瞭	瞭（liǎo） 了（liǎo）	
8	麼	麼（mó） 么（me）	
9	鯰	鲶　鲇	
10	乾	乾（qián） 干（gān）	
11	瀋	沈　渖	GB2312 收有"渖"（由"瀋"字按"审[審]"类推简化），但其本身在中国大陆并非规范字。旧版《新华字典》收有此字，释作"汁"；新版取消，并入"沈"。
12	於	于　於	
13	餘	馀　余	
14	摺	摺　折	
15	著	著　着	
16	徵	徵（zhǐ） 征（zhēng）	

　　【特例】在汉字繁简转化中,转化关系最复杂的汉字就是"宁"字。首先，"宁"（níng）字是"寧"、"甯"（níng）的简化字；其次"宁"（zhù）本身在古代又作门屏之间解，为避免该义项的"宁"（zhù）字与前面的用作简化字的"宁"（níng）字混淆，在汉字简化过程中，又将"宁"（zhù）字简化作"宁"。此外，当"宁"读作 zhù 时，除表示门屏之间意外，还有以下几个义项也存在古今字和繁简字的问题。一是当作贮藏、积聚解时，其与"贮"

字略同，后来简作"贮"；二是当作久立解时，同"伫"和"竚"字，后来简作"伫"。因此，与"宁"字有繁简关系的汉字分别有"寧"、"甯"、"寍"、"貯"、"贮"、"伫"、"竚"、"伫"，算上其本身，一共多达 9 个字。

还有个与之类似的汉字是"苧"字。一方面，"苧"（níng）字是薴（níng）的简化字；另一方面，当"苧"读作 zhù 时，又是苧麻的简称，是指一种多年生草本植物，为避免混淆，在汉字简化过程中，又将表示苧麻义项的"苧"（zhù）字简化作"苎"字。

附录三

世界主要地名两岸翻译差异对照表

表一

台 湾 用 语	大 陆 用 语
塞普勒斯	塞浦路斯
模裏西斯	毛里求斯
薩摩亞	西萨摩亚
突尼西亞	突尼斯
賴比瑞亞	利比里亚
查德	乍得
諾魯	瑙鲁
格瑞那達	格林纳达
波紮那	博茨瓦纳
蓋亞那	圭亚那
塞昔耳	塞舌尔
肯亞	肯尼亚

（续表）

台 湾 用 语	大 陆 用 语
大韓民國、南韓	大韩民国、韩国（旧称南朝鲜）
北韓	朝鲜
高棉	柬埔寨
寮國	老挝
澳洲	澳大利亚
薩伊	扎伊尔
紐西蘭	新西兰
紐澤西	新泽西
奈及利亞	尼日利亚
莫三鼻克	莫桑比克
瓜地馬拉	危地马拉
東加	汤加
葉門	也门
巴貝多	巴巴多斯
卡達	卡塔尔
波昂	波恩
幾內亞·比索	几内亚比绍
史瓦濟蘭	斯威士兰
賴索托	莱索托
衣索匹亞	衣索比亚
吉布地	吉布提
吐瓦魯	图瓦卢

（续表）

台 湾 用 语	大 陆 用 语
辛巴維（威）	津巴布韦
阿拉伯聯合大公國	阿拉伯联合酋长国
蘇利南	苏里南
尚比亞	赞比亚
貝裏斯	伯利兹
坦尚尼亞	坦桑尼亚
茅利塔尼亞	毛里塔尼亚
甘比亞	冈比亚
厄瓜多	厄瓜多尔
巴巴新幾內亞	巴布亚新几内亚
馬拉威	马拉维
千里達托貝哥	特立尼达和多巴哥
那密比亞	纳米比亚
馬拉加西	马达加斯加
馬拉加西	马达加斯加
加彭	加蓬
多明尼加	多米尼加
哥斯大黎加	哥斯达黎加
象牙海岸	科特迪瓦
東協（東南亞國協）	东盟（东南亚国家联盟）
獨立國協	独联体

表二

台湾用词	大陆用词	英语原词
波昂	波恩	Bonn
雪梨	悉尼	Sydney
狮子山	塞拉利昂	Sierra Leone
橋市	布里奇敦	Bridgetown
自由城	弗里敦	Freetown
喬治城	乔治敦	Georgetown
巴賽隆納	巴塞罗那	Barcelona
佛羅倫斯	佛罗伦萨	Fiorentina
坎培拉	堪培拉	Canberra
慕尼克	慕尼黑	Munich

附录四

TOCFL 词汇分级表与
HSK 词汇大纲差异词汇对照表

序号	TOCFL 词汇	HSK 对应词汇	普通话 对应词汇	备 注
1	爱人	爱人		台湾有情人义
2	爱滋病	艾滋病		
3	八卦		八卦	台湾有瞎说义
4	巴士	公共汽车		
5	百货公司		百货公司 百货大楼	
6	拜	拜		拜票（台）＝拉票（陆）
7	拜拜		拜拜	台湾有求神拜佛义
8	班長	班长		大陆有单位负责人义
9	棒子		棒子	台湾可代指穷人，有贬义
10	保姆		保姆	台湾有警察义
11	報告	报告		台湾有告知义
12	報應		报应	台湾无贬义
13	報章		报刊 报章	

（续表）

序号	TOCFL 词汇	HSK 对应词汇	普通话 对应词汇	备 注
14	編制	编制		台湾有编织制作义
15	不動產		固定资产	
16	佈告欄		公告栏	
17	采		采用	
18	草地	草地		草地人（台）＝乡下人（陆）
19	茶會		茶话会	
20	超級市場		超市	
21	成分	成分		大陆有家庭职业背景义
22	成衣		成人衣服	
23	程式	程序、模式		
24	處分	处分		台湾主要为处理分配义
25	處理	处理		台湾处理对象不针对人
26	春假			台湾学生在三、四月份的一个假期
27	次	次		次长（台）＝副部长
28	單位	单位		台湾无工作部门义
29	導師	导师		台湾为辅导员义
30	得獎		获奖	
31	登陸	登陆		台湾为到达祖国大陆义
32	地主	地主		"地主国"（台）＝东道主（陆）地主主义（台）＝乡土文学（陆）
33	電	电		电机（陆）＝电动机、发电机（台）
34	電車	电车		电车（台）＝有轨电车（陆）

（续表）

序号	TOCFL 词汇	HSK 对应词汇	普通话 对应词汇	备 注
35	電腦	电脑 计算机		
36	訂位		订位子	
37	凍	冻		冻蒜（台）＝当选（陆）
38	奪魁		夺冠	
39	反映	反映		台湾无向上级反馈情况义
40	仿冒		假冒	
41	仿造		仿制	
42	飛彈	导弹		
43	風暴	风暴		台湾为贬义，大陆为褒义
44	風潮		风潮	台湾为贬义，大陆为中性
45	奉養		赡养	
46	服務生	服务员		
47	感恩	感谢		
48	高	高		高考（台）＝公务员考试（陆）
49	跟進		跟上	
50	工讀		工读	大陆贬义，台湾中性
51	公車	公共汽车		大陆也称"公交车"
52	公車站		公交车站	
53	公會		协会	
54	公克	克		
55	公立		公办	
56	公事		公事	公事房（台）＝办公室（陆）
57	公寓		公寓	台湾为有女子陪酒唱歌场所
58	古物		文物	

（续表）

序号	TOCFL 词汇	HSK 对应词汇	普通话 对应词汇	备　注
59	觀光	观光		观光（台）＝旅游、观光 （陆）
60	官	官		官办（台）＝国营（陆）
61	管道	管道		台湾管道有途径义
62	管線		流水线	
63	管制		管制	台湾只针对物，无针对人义
64	國	国		国术（台）＝武术（陆） 国文（台）＝语文（陆）
65	國立		部属	
66	國小		公办小学	
67	國語		中文	
68	國中		公办中学	
69	航空信		航空信件	
70	核子		原子核	
71	花生	花生		花生（台）＝土豆（陆）
72	毁損	毁坏		
73	機車	机车		台湾机车有摩托车义
74	機關	机关		台湾无政府工作单位义
75	計程車	出租汽车		
76	記憶	记忆		记忆体（台）＝存储器（陆）
77	祭祀		祭奠 祭扫	
78	甲	甲		台湾可作量词，1甲＝10亩
79	架構		结构	
80	堅忍		坚强忍耐	
81	檢討	检讨		台湾为检查讨论义

（续表）

序号	TOCFL 词汇	HSK 对应词汇	普通话 对应词汇	备　注
82	講價	讨价还价		
83	講習		研讨	
84	獎賞		奖励	
85	交通	交通		台湾包含邮政业
86	腳踏車	自行车		
87	教員	教员	教师	新 HSK 中已弃用该词
88	藉口	借口		
89	金	金		台湾金援外交为以金钱买外交义
90	驚惶	惊慌	惊恐	
91	酒館	酒店		
92	卡通		动画	
93	開發	开发		未开发国家（台）＝发展中国家（陆）
94	開幕	开幕		台湾开幕有商店开张义
95	抗爭	抗议		
96	科技	科技		科技大学（台）＝职业学院（陆）
97	可樂		可乐	可乐帽（台）＝摩托车头盔（陆）
98	課業	课程		
99	空中	空中		空中大学（台）＝电大（陆）
100	苦工		苦力	
101	困擾		困惑 麻烦	
102	拉票		拉选票	

（续表）

序号	TOCFL 词汇	HSK 对应词汇	普通话 对应词汇	备　注
103	劳工		劳动者	
104	雷	雷		镭射（台）＝激光（陆）
105	冷氣機	空调		
106	哩	呢、啦		语气助词
107	列	列		列印（台）＝打印（陆）
108	零件	零件		零件（台）＝零件、附件、配件（陆）
109	领袖	领袖		台湾的"领袖"还保留了本义
110	陸軍	陆军		台湾陆军有大陆军队义
111	路線	路线		台湾无思想上所循途径义
112	麻雀	麻雀	麻将	台湾有麻将义
113	馬鈴薯		土豆	
114	買主		买家 买主	
115	賣座		叫座 卖座	
116	盲人	盲人		盲人学校（陆）＝启明学校（台）
117	矛盾	矛盾		台湾无思想和肢体冲突义
118	民營		民营	台湾民营与官营相对
119	冥想		冥思苦想	
120	末期		晚期	
121	木偶		木偶	木偶戏（陆）＝布袋戏（台）
122	男生	男人 男性		台湾可指所有年龄段的男性

（续表）

序号	TOCFL 词汇	HSK 对应词汇	普通话 对应词汇	备　注
123	鬧區		闹市区	
124	農夫	农民		
125	暖氣	暖气		台湾有空调义
126	跑	跑		跑路（台）＝避债潜逃
127	跑道	跑道		转换跑道（台）＝跳槽（陆）
128	品質	品质		品质（台）＝质量（陆）
129	坪			1 坪＝3.30378 平方米
130	奇異		奇异	奇异果（台）＝猕猴桃（陆）
131	洽商	商议		
132	前輩	前辈		台湾指资格比自己老的同行
133	強人	强盗		台湾有强盗义
134	翹課		逃课	
135	切	切		切割（台）＝划清界限（陆）
136	侵襲		侵扰	
137	泉源	源泉		
138	熱潮	热潮		大陆为褒义词，台湾为中性词
139	熱水瓶	热水瓶 暖水瓶		
140	仁愛		仁爱	台湾偏宗教性质，大陆偏儒家思想性质
141	軟體	软件		
142	殺價		砍价	
143	上司	上级		
144	身教		身教	台湾可以单独使用
145	生理	生理		台湾有生意、生计义

（续表）

序号	TOCFL 词汇	HSK 对应词汇	普通话 对应词汇	备 注
146	生物	生物		生理时钟（台）＝生物钟（陆）
147	師父		师傅的父亲	
148	實證		实证	台湾可以单独使用
149	守護	守卫		
150	首府	首都		
151	書	书		书记（台）＝文书（陆）
152	數	数		数位（台）＝数码（陆）
153	水道		水路	
154	水準	水平		
155	私立	私营		
156	伺候	侍候		
157	塑膠	塑料		
158	太空	太空		太空梭＝宇宙飞船
159	太太		老婆	
160	逃稅	漏稅 偷稅		
161	同鄉		老乡	
162	統制		统筹管理	
163	透過	通过		
164	團員	团员		大陆一般多指共青团员
165	脫	脱		脱产（台）＝非法转移财产
166	瓦斯（爐）		瓦斯	瓦斯炉（台）＝煤气灶（陆）
167	外	外		台湾为外来宗教义
168	外銷	出口		
169	網	网		网路（台）＝网络（陆）

（续表）

序号	TOCFL 词汇	HSK 对应词汇	普通话 对应词汇	备　注
170	維他命	维生素		
171	委員	委员		两岸委员身份不一样
172	衛生	卫生		卫生裤（台）＝秋裤（陆）
173	文法	语法		
174	文書	公文		
175	文物	文物		台湾主要指精神产品
176	臥房	卧室		
177	勿	不要		
178	西洋	西方		
179	下水		下水	台湾有不正当男女关系义
180	先進	先进		先进（台）＝前辈（陆）
181	消／宵夜		消夜 夜宵	
182	協辦	协助 协作		
183	行動	行动		行动电话（台）＝手机（陆）
184	型態	形态		
185	巡視	视察		
186	壓力（鍋）	压力		压力锅（台）＝高压锅（陆）
187	鹽巴	盐		
188	央求	请求		
189	陽傘		遮阳伞	
190	搖擺	摇摆		台湾有骄傲得意义
191	異鄉		他乡	
192	翌日		第二天	
193	應	应		因应（台）＝应对（陆）

（续表）

序号	TOCFL 词汇	HSK 对应词汇	普通话 对应词汇	备　注
194	影印	复印		
195	硬體	硬件		
196	優待		优待	大陆有贬义，台湾无
197	郵差		邮递员	
198	有機	有机		有机蔬菜（台）＝绿色蔬菜（陆）
199	幼稚	幼稚		幼稚园（台）＝幼儿园（陆）
200	原子筆	圆珠笔		
201	月臺		站台	
202	運	运		运将（台）＝司机（陆）
203	運轉	运转		运转手（台）＝司机（陆）
204	造物主		上帝	
205	戰機		战机	台湾有战斗机义
206	站	站		站台（台）＝到场助威（陆）
207	招牌		招牌	招牌菜（台）＝拿手菜（陆）
208	找尋	寻找		
209	診所	医院		
210	政見		政治见解	
211	支應	应付		
212	職員	职工 职工		
213	治標		治标	台湾可单独使用
214	品質	质量		台湾为品质和数量义
215	智慧	智慧		智慧财产权（台）＝知识产权（陆）
216	周邊		周边	周边产品（台）＝延伸产品（陆）

（续表）

序号	TOCFL 词汇	HSK 对应词汇	普通话 对应词汇	备　注
217	主席	主席		台湾有主要席位义
218	助教		助教	台湾助教要较大陆高级
219	專員	专人		
220	酌量	酌情		
221	資訊	信息		
222	姊姊	姐姐		
223	總理	总理		台湾指孙中山，大陆指周恩来
224	走道	走道		台湾走道有人行步道义
225	租賃	租		
226	組織	组织		组织人：台湾指没有主见的职员，大陆指活动的统筹安排者

后 记

距离产生了美感，也产生了隔阂。而隔阂，不仅产生了差异，更产生了误解。半个多世纪以来，两岸间那一弯浅浅的海峡以及海峡两边曾经深深的隔阂，造成了两岸间多少的差异！其中之一便是两岸汉语词汇从形式到内容再到语用上的诸多差异。如果任由这种差异蔓延，或许，若干年后，这将又是一弯横亘在两岸人民之间的"海峡"，阻挡着两岸人民语言和感情的交流，让彼此的误解越来越多。

如今，两岸交流日益频仍，特别是各种各样的海峡论坛、研讨会此起彼伏，两岸间的交流呈现出空前的活跃。这是好事，可是，如果仔细聆听两岸人士间的发言或交流，语言词汇上的差异还是俯拾皆是。有的差异词汇能让你一听就明白，有的差异词汇还会让你莞尔，有的差异词汇却让你一头雾水，更有的差异词汇会让彼此误解。一个研讨会开下来，有人说这个会开的真"窝心"，你要是不搞清他是台湾人还是大陆人的话，你就"雾莎莎"了，还真不知道他是"开心"还是"闹心"。在同一种语言中，同样一个词，却有着截然相反的意思，这在全世界恐怕都不多见。碰到这种情况，想不误解都难！因此，曾经有人专门撰文说，两岸间不仅需要交流，还需要"高级翻译"。这绝不是危言耸听，越是深入的交流，那种因为词汇差异而造成的理解偏差乃至误解就越深，而且，这种差异，不是专业研究的人，还真的很难说得清楚，譬如我们之前提到的"矛盾"一词，大陆可以用来指两人关系不睦，在台湾则没有这一说法，所以他们就很难理解"他们俩之间矛盾很深"这句话的意思。从这个角度看，两岸有时候确实需要"高级翻译"。

七八年前，笔者就开始着手研究"翻译"两岸间的差异性词汇，并于 2009 年 1 月在台湾出版过一本关于两岸汉语词汇差异对照的小册子，那时候刚赶上两岸大三通的开始，两岸间的往来交流进入了一个崭新阶段，特别是大量的"陆客"纷纷赴台观光旅游，这本小册子在当时还真起到了一定的"翻译"作用，有朋友去台湾旅游，还专门向我索取小册子看看，说是为了能更好地听懂"台湾话"。

一转眼，距上次那本小册子的出版又快过去了将近五年，在过去的五年里，随着大三通、自由行、ECFA 的签订等一系列利好政策的推动，两岸间的交流呈现出了更加活跃、更加深入的景象，两岸语言词汇间的交流、碰撞、融合现象也进一步凸显和深化。这一方面为我们研究两岸语言词汇在共时性层面上的差异性表现与影响提供了更加广泛的切面，方便我们更加深入细致地剖析、评估差异性词汇对交际交流的影响，更加客观准确地研议制定应对措施。另一方面，交流的深入，也迫切地需要我们能从更加广泛的层面，更为深入的角度去分析、研究差异性词汇的产生根源、构词思维、生成模式、聚合能力、派生能力、发展趋势、整合路径等一系列词汇学方面的专业问题，而不能停留在简单的两岸差异性词汇的对照翻译上。因此，无论是从现实条件看，还是从交流需要看，都具备了更进一步研究两岸汉语词汇差异的契机。

更幸运的是笔者的这一研究课题"海峡两岸汉语词汇差异研究"获得了"第三届文汇·彭心潮优秀图书出版基金"的资助，并确定研究成果以专著形式由文汇出版社出版发行。在此谨向文汇·彭心潮优秀图书出版基金和文汇出版社表示敬意。

复旦大学国际文化交流学院吴中伟院长、我的导师高顺全教授欣然为项目的申报热心推荐，书稿中的一些章节内容是在我的硕士论文《两岸词汇差异与汉语国际推广》的基础上提炼而成的，导师为我的硕士论文悉心指导，耗费了大量心力。在本书的课题规划、项目申报及至书稿编辑过程中，文汇出版社的张涛编辑给予了莫大的帮助。台湾辅仁大学的贺小语同学极为热心地为我拍摄了多幅反映台湾语言特色的鲜活照片，为本书增色不少。在书稿的撰写过程中，每每遇到问题，总与我的妻子王艳艳一起讨论切磋，很多资料的查证也都是由她帮忙完成的。在书稿即将付梓之际，特向吴中伟院长、高顺全导师、张涛编辑、贺小语同学和我的妻子王艳艳表示诚挚感谢！

以上即为本书写作的有关情况，是为后记。

徐红进

2014 年 3 月 20 日